Jakov Lind
Selbstporträt

Österreichische Exilbibliothek
Herausgegeben von Ursula Seeber

Aus dem Englischen von
Jakov Lind und Günther Danehl

Die Deutsche Bibliothek – CIP-Einheitsaufnahme

Lind, Jakov:
Selbstporträt / Jakov Lind. [Aus dem Engl. von Jakov Lind und Günther Danehl]. – Picus Verl., 1997
(Österreichische Exiblibliothek)
ISBN 3-85452-404-8

Titel der englischen Originalausgabe:
Counting my Steps

Grafische Gestaltung: Dorothea Löcker, Wien
Umschlagfoto: Jerry Bauer
Druck und Verarbeitung: Remaprint, Wien
ISBN 3-85452-404-8

Jakov Lind

Selbstporträt

Picus Verlag Wien

Für Faith

Vorbemerkung

Die Zeit, die vergeht und trotzdem bleibt, ist das Paradoxon jeder unheimlichen Erfahrung – für mich und meine Generation sind es die dreißiger und vierziger Jahre gewesen. Heute, nach mehr als fünfzig Jahren, erleben wir noch immer eine Vergangenheit, die niemals vergehen kann, und je länger der Friede in Europa anhält, je mehr wir ein normales Leben als normal empfinden, umso weniger begreift man, was damals geschah. An der braunen Pest der Hitlerjahre – eine Wahnsinnsseuche, die nicht von Rindern ausgelöst wurde – gingen über fünfzig Millionen Menschen zugrunde. Am Wahn der reinen Rasse, der nur eines der Symptome dieser schier unheilbaren Krankheit war, starben Millionen wehrloser Bürger. Wahnsinn, der sich auf Rasse oder Religion, Politik oder Boden beruft, um jede Vernunft außer Kraft zu setzen, gedeiht zweifellos in aller Welt. Aber weder den Khmer Rouges unter Pol Pot noch den Hutus ist es bis heute gelungen, die westeuropäische Variante an Gemeinheit, Niedertracht und Grausamkeit zu überbieten. Nicht nur in der Medizin, im Luftverkehr, im Bau von Raketen, die bis zum Mond fliegen, auch in der Technik des Tötens waren (und sind bis heute) Westeuropäer ihrer Zeit weit voraus. Wer das wohlhabende Deutschland und Österreich oder Osteuropa besucht, merkt nichts davon, es sei denn, er besucht Museen und Monumente. Was damals geschah, scheint heute wie eine Fabel, und schon allein deshalb sind alle, die das Inferno überstanden, ich jedenfalls, der heutigen Generation nichts als die Wahrheit schuldig.

Jakov Lind,
London, im November 1996

Schule für Metaphysik

Die Welt ist ein Irrgarten aus Buchhandlungen und Bibliotheken, aus Redaktionsstuben und Universitäten, aus Ateliers und Bühnen, angefüllt mit Kultur und Literatur wie ein Rhinozeros mit Formaldehyd.

In dieser Welt gibt es so viel guten Willen, so viel Vertrauen auf die Vernunft, auf Freundschaft und Frieden, so viel moralische Entrüstung, so viel gedruckte Agonie und baren Schrecken, daß ich nichts Besseres weiß, als mich in meinen eigenen Spiegel der Ereignisse zu versenken und zu prüfen, ob es noch etwas zu bedenken gibt. Ich erinnere mich, daß Angst, begründete und unbegründete Angst, der Grundstoff meines Lebens gewesen ist. Angst sind meine Wurzeln, Angst ist im Mark meiner Knochen. Vom ersten Tag an hat man mich gelehrt, alles zu fürchten, vom Brotmesser bis zur Baustelle. Verkehrsmittel, Elektrogeräte, schwere Möbel und selbstverständlich alle Waffen nannte man »außerordentlich gefährlich«. Wörter wie aufhängen, erschießen, vergasen usw. waren tabu, das Wort Tod selbstverständlich auch. Mußten solche Wörter ausgesprochen werden, dann nur unter Beifügung der Formel »Gott behüte«. Ferner wurde uns Angst vor Helm- und Mützenträgern anerzogen. Wir fürchteten Reichtum ebenso wie Titel oder akademische Grade. Zwar mögen wir uns gelegentlich über einen Herrn Doktor lustig gemacht haben, doch immer in dem Bewußtsein, daß ein Herr Doktor kein gewöhnlicher Sterblicher ist. Zum Teil macht diese Angst verständlich, was später geschah.

Furcht wurzelt in Selbsterniedrigung. Wer sich fürchtet, ist dem ausgeliefert, den er fürchtet. Ich fürchte mich, bedeutet: Du bist der Stärkere. Du siegst. Mir bleibt nichts mehr zu fürchten. Und eben diesen furchtlosen Mut brauchte und brauche ich, um in den Spiegel dessen zu schauen, was da kommt. Daß ich zur Zeit der Nazis als Jude gelebt habe, erscheint angesichts der atomaren Katastrophe, die jeden Tag über uns hereinbrechen kann, als kleines Mißgeschick. Unterdessen betrauern wir die Toten, indem wir leben, als sei nichts geschehen. Unseren Freispruch von Schuld erkaufen wir, die noch an Vernunft, Freundschaft und Frieden glauben und Optimismus oder Pessimismus zur Schau tragen wie Amulette, mit geduldig hingenommener Entwürdigung und Erniedrigung. Im Selbstgespräch erkenne ich, daß meine Arbeit der Versuch ist, die Welt in der denkbar kürzesten Zeit zu retten und zu verändern, und daß ich zeitlebens fortfahren werde, die Welt zu retten. Das wird mir ebensogut gelingen wie einem Fossil im seichten Wasser. Was bleibt? Einfach aufzuschreiben, was geschehen ist. Wenn ich meine Schritte von einem Baum zum nächsten zähle, wächst der Wald des unendlichen Wahnsinns zumindest in einer wirklichen Zeit und in einem wirklichen Raum.

Vor einigen Monaten hatte ich eine Vision, in der ein Strom des Lebens die Erde verschlang; es sah aus, als würden Millionen nackter Menschen aus einem Krater gespien, flögen durch die Luft und prasselten auf die Erde herunter wie Heuschrecken – nein, wie Menschen. Es war, als täte sich Dantes Hölle auf. Die Toten kehrten zu den Lebenden zurück. Vielleicht war es das jüngste Gericht, und alle jemals Verstorbenen, Millionen von Generationen, wurden wieder lebendig und gingen heim, vermutlich zum Essen. Ich sah, wie ein Vulkan Menschheit ausspie und die Erde mit »menschlichen Wesen« bedeckte. Anfangs glaubte ich, der Erschaffung der Welt zugesehen zu haben; später glaubte ich, Zeuge des Endes aller Tage gewesen zu sein. Bei anderer Betrachtung begreife ich: Was ich gesehen habe, ist, was jetzt geschieht, jetzt, in dieser Stunde. Warum also sich um Vergangenheit oder Zukunft sorgen, wenn es jetzt geschieht?

Der Dachboden meiner im neunzehnten Jahrhundert beheimateten Seele ist angefüllt mit sonderbaren Besessenheiten. Zukunft, Vergangenheit, Hoffnung, Gerechtigkeit, Sozialismus, um nur einige wenige zu nennen. Die Dinge auf meinem Dachboden sind einmal alles gewesen. Und alles hatte seinen Platz, ja mehrere Plätze. Man betrat diese Schule für Metaphysik durch ein hohes, schmiedeeisernes Portal in einem spitzen Eisenzaun und stand auf einem kiesbestreuten Hof mit alten Kastanien. Ein rotes Ziegeldach deckte dieses alles, das unverrückbar im weichen Donaulehm ruhte. Ein weißer Fahnenmast wuchs aus einer gelben Wand, die ein hohes Fenster durchsichtig machte. Dieser Ort nannte sich selbst in roten Buchstaben VOLKSSCHULE FÜR KNABEN DER STADT WIEN, Schüttaustraße.

Wir wohnten gegenüber der Schule in einem neuerrichteten Gemeindebau, Goethehof genannt, ebenfalls ein Flügel esoterischer Unterweisung, vollgestopft mit merkwürdig vertrautem Trödelkram.

Ferdinand Hartl, feist, dunkel, rosawangig, entfaltet ein sauberes Taschentuch. Es sind keine Kaninchen darin. Er deutet mitten darauf und erklärt. »Dies nennen wir das Kreuz des Taschentuches. Kreuz nennen wir es, weil es in der Mitte steht. Alles, was in der Mitte steht, nennen wir Kreuz. Diese Mitte gleicht einem Kreuz. Erkennt jemand das Kreuz?« Ich dachte, ein jüdischer Knabe muß so etwas nicht lernen, doch da es mein erster Schultag war, stierte ich wie alle anderen auf den Punkt, auf den Hartl deutete. »Wie benutzen wir ein Taschentuch? So jedenfalls nicht«, und er tat, als schneuze er in eine Ecke des Taschentuches, »das wäre falsch, wäre Verschwendung. Wir benutzen es so: Wir schneuzen unsere Nase zunächst in die Mitte des Tuches, und dann schneuzen wir, falls erforderlich, im Uhrzeigersinn weiter, immer rundherum, der Kreis wird größer und größer, und wenn wir ans Ende des Taschentuchs kommen, was sagen wir dann?«

Wir waren zu schüchtern und zu verblüfft, um zu antworten. »Nun, wenn keines von euch Kindern das weiß, werde ich es euch sagen. Wir rufen: Das Taschentuch ist voll, es muß weg.« Wir nickten beifällig. »Was also rufen wir?« Zweiundvierzig Knaben riefen, so laut sie konnten: »Es ist voll, es muß weg!« »Es ist nun also voll«, fuhr Hartl fort, »doch wegwerfen dürfen wir es nicht. (Wir riefen »Nein!«) Wir wischen uns auch nicht das Gesicht damit. (Wir brüllten: »Nein!«) Wir stecken es auch nicht in die Tasche und lassen es ein paar Tage drin.« (Hier erklang kein beifälliges Geschrei, denn dieses Verbot erschien wenig logisch.) »Nein, wir geben es der Mutter und sagen dabei: Hier Mutter, mein Taschentuch ist voll, gib mir bitte ein sauberes. Also, was sagen wir, wenn wir unserer Mutter das volle Taschentuch reichen?« »Hier Mutter, mein Taschentuch ist voll, gib mir bitte ein sauberes!« brüllten wir aus Leibeskräften, und diese offenbar richtige Lösung einer schwierigen Aufgabe machte uns so viel Vergnügen, daß wir klatschten, pfiffen und noch lauter schrien.

Das war die erste Unterrichtsstunde. In der zweiten gab es Religion, für jüdische Kinder nicht zwingend vorgeschrieben, aber verlockend. Pater Kirchner, ein schlanker junger Mann im langen schwarzen Habit, malte mit bunter Kreide die Erschaffung der Erde auf die Wandtafel. Adam und Eva, die Schlange und den Apfel im Paradies. Eine aufregende Ansicht des Jenseits. Die Stunde begann und endete mit »Vater unser, der du bist im Himmel ...« Das brauchte ich nicht zu lernen. Laut hersagen durfte ich es auch nicht.

Der Pater hätte darauf kommen können, daß ich kein Katholik war, und das wäre peinlich gewesen für mich. Ich erfuhr, daß es ein Paradies gibt, man versprach mir für die folgende Woche einen Blick in die Hölle, und überdies lehrte man mich, jederzeit die Nase sauberzuhalten. Ein guter Anfang. Vermutlich habe ich schon nach diesem ersten Tag beschlossen, von nun an die Ohren mit beiden Zeigefingern zu verstopfen, denn wer sich anhörte, was Hartl (der Trottel) zu sagen hatte, gestand damit ein, daß er unwissend und dumm war. So wollte Hartl beispielsweise im Rechenunterricht wissen, wieviel 23 plus 31 ist. Als ob er das nicht selbst gewußt hätte! Ich kannte die richtige Antwort (abziehen und zuzählen war einfach), fand es aber unter meiner Würde, das zuzugeben. Mochten sich Kinder, die eines Tages ein Ladengeschäft erben sollten, um solche Lappalien scheren. Ich selbst würde niemals ein Ladengeschäft erben, obwohl schon einmal eines in der Familie gewesen war, vor dem Ersten Weltkrieg. Wir kauften Butter und Salz auf Kredit, verkaufen würde ich bestimmt nie welche. Warum Nahrungsmittel speichern, es sei denn, man will sie essen? Ohne den schützenden Eiskasten der Monarchie waren die guten alten Zeiten sauer geworden wie fette Sahne. Kaiser Franz Joseph lag unter Regalen voller Sardinen und Lachs begraben, sein Neffe, der Kaiser Karl, unter Äpfeln und Orangen. Ein modriger Haufen, Habsburger Spezialitäten.

Rechenunterricht erteilte das Leben. Das Leben kannte mehr als abziehen und zuzählen, so zum Beispiel auch: mit etwas rechnen, einen Strich ziehen, in Rechnung stellen und ausrechnen. Die praktische Aufgabe: wie lebt man einen Monat von nicht ganz einhundert Schilling war nur zu lösen, wenn man kleine Beträge hinzuzählte, die Nachbarn und Verwandte vorübergehend für uns verwahrten. Da unser Geld sich in den Taschen anderer befand, war ein gelegentlicher Hinweis – »Bitte, leiht uns vierzig oder sechzig Schilling« – sehr nützlich. Mit Wundern rechneten wir nicht, waren allerdings jederzeit auf welche gefaßt. Wäre der Messias auf seinem weißen Esel in den Goethehof eingeritten, wir wären mit den ersten die Treppen hinuntergelaufen. So zählten wir auf Hilfe und bekamen auch welche. Mag sein, wir aßen weniger als andere, doch ausgehungert waren wir nicht. Schwächere Menschen als wir hätten sich bei unserer Diät vielleicht unterernährt gefühlt, wir jedoch, von Riesen abstammend, wir waren »aus Eisen« gemacht. Gelegentlich hörte man sagen: »Die Frau Lederer sieht so gesund aus, fehlt ihr denn nichts?« Nein. Gesundheitlich fehlte uns gar nichts. »Gesundheit ist die Hauptsache«, hieß es zu Hause.

Interessanter, wenn auch nicht weniger mühsam als Ausrechnen, wie man lebt, war das Schreiben. A B C D E sagen war leicht, Buchstaben so aneinanderfügen, daß Wörter entstehen, war sehr kompliziert. Ohne eine ganz besondere Begabung fürs Schreiben wäre mir wohl nie der Satz gelungen: »Rudi und Mimi schlafen. Im Fenster ein Schuh und noch ein Schuh.« Während meine Schwester schrieb: »Rudi und Mimi schlafen im Fenster. Ein Schuh und noch ein Schuh«, wußte ich gleich, Rudi und Mimi haben ihre Schuhe ins Fenster gestellt, weil Nikolaus ist und sie Süßigkeiten wollen. Schwerer als Abschreiben war Buchstabieren. Das gleiche Wort konnte eine oder auch zwei Silben haben. Ein Wort richtig trennen und wieder zusammensetzen war Zauberei. Warum in manchen Wörtern eine Verdoppelung gewisser Buchstaben vorkam, blieb unerklärlich. Warum nicht Schwestter, wenn man Lust hatte, es so auszusprechen? Besonders meine ältere Schwester ärgerte sich sehr, wenn ich sie mit Doppel-t schrieb. Hartl aber sagte: »Nein. Schwester hat ein t.« Nutzlos zu sagen: »Aber Herr Lehrer, Sie kennen meine Schwester nicht, sie schlägt mich bei jeder Gelegenheit.« Schwester hätte ich gern mit zwei t geschrieben und Kind mit einem, Haus mit zwei s und schwarz mit tz. Doch die Regeln ließen es nicht zu. Die Regeln machte Hartl, und Hartl hatte immer recht. Er war ein Diktator. 1938 trug er als einer der ersten ein großes Hakenkreuz im Knopfloch. Überrascht hat es mich nicht. Mit Tintenklecksen nahm er es ebenso genau. Es war verboten, mit einer tropfenden oder zerbrochenen Feder zu schreiben. Wer mehr als einen Klecks auf der Seite hatte, mußte sie zerreißen und neu schreiben; wer Glück hatte, machte schon nach dem ersten Wort seinen Klecks und nicht erst nach dem vorletzten. Geschriebenes hatte *sauber* und *korrekt* zu sein. Als Strafe gab es eine Vier oder die ewige Wiederholung des gleichen Satzes über drei Seiten.

Ich wehrte mich mit einer gewissen Charakterstärke lange gegen das Schreiben. Ich verabscheute das Schreiben, weil ich, der Regel folgend, Tintenkleckse verabscheuen mußte. Unter Schreiben verstand ich aber alles, was man mit schwarzer Tinte auf weißem Papier macht – Kleckse, Punkte, Linien, Kritzeleien, Zeichnungen. Meine Eltern stellten sich auf Hartls Seite, sie stimmten diesem alten Nazi darin zu, daß Striche und Punkte nur erlaubt sind, wenn sie aussehen wie Wörter. Wörter kamen mir jedoch vor wie phantasielose Zeichnungen. Und so kommen sie mir auch heute noch vor. Wir lesen Wörter, weil wir sie für bedeutend halten, weil wir glauben, durch das Lesen von Wörtern dem Sinn nahezukommen. Das ist eine Art perfekter Wahn. Ich habe nie begriffen, was ich las, begreife nicht, was ich lese, und verstehe nicht, wie andere Leute sich einbilden können, sie verstünden, was sie lesen und schreiben. Wie kann man das Bild, das man vor sich sieht, mit Wörtern nachzeichnen? Wie kann der Intellekt sich in Buchstaben spiegeln? Zahlen sind nützlich im Handel und bei der Errechnung von Zeit und Entfernung. Wörter hinschreiben ist eine lächerliche Verschwendung von Tinte auf Papier, Wörter lesen ist Wahnsinn. Als ich schreiben konnte: »Elfi und Heini gehen im Park spazieren«, sah ich nicht ein, warum ich diesen Satz auch noch vorlesen sollte. Vorlesen, was man hingeschrieben hat? Warum lesen, was man schon kennt? Schließlich hatte ich selbst diesen Satz geschrieben. Und lesen, was man nicht selbst geschrieben hat, kam mir noch verrückter vor. Warum einen fremden Menschen damit quälen? Ich beschloß, nie zu lesen, niemals. Entweder schreiben oder lesen, aber nicht beides. Nicht nur zwang man mich zu lesen, nein, wir mußten laut lesen. »Herr Lehrer, ich habe dieses Buch schon gelesen. Ich weiß, was drin steht.« Hartl: »Woher weiß ich, daß du es weißt?« Ich: »Weil ich weiß, daß ich es weiß, und das reicht.« »Red keinen Unsinn, Lind, wofür hältst du dich eigentlich? Wenn du es nicht laut vorliest, weiß ich nicht, ob du es kannst.« Ich las laut: »Eine Tasche, ein Haus, ein Baum, ein Mann.« Mit der richtigen Betonung von Vokalen und Konsonanten. So verlieren Kinder die Unschuld. Indem man sie aus ihrem Schweigen in die lärmende Welt des geschriebenen und des gesprochenen Wortes treibt; statt *wissen* lehrte man uns *verstehen,* statt *fühlen* lehrte man uns *sprechen*. Gott sei Dank.

Hartl, der mich zwang zu lesen und zu schreiben, lehrte mich, die Gedichte meiner Mutter zu lesen und abzuschreiben. Meine Mutter verwahrte mehrere Hefte voller Gedichte (in Bleistift und Tinte) im Wäscheschrank. Diese durften wir lesen, vorausgesetzt, wir legten die Hefte zurück an ihren Platz unter das Leinenzeug, zwischen Lavendel und Mottenkugeln. Hartl lehrte mich, Gedichte zu lesen, wo sich rot auf tot reimte, sehnen auf Tränen. Hartl lehrte mich, die feineren Dinge des Lebens zu verstehen, die unter Mottenkugeln vergilbten. Beinahe das ganze Leben schlug sich in Tränen und Schmerzen nieder, dargestellt von meiner Mutter, diesem getreuen Echo von Goethe und Schiller und etlichen minderen Leuchten deutscher Nebulosität. Kaum war ich imstande, diese Gedichte unbemerkt abzuschreiben, da tat ich es auch schon. Es wäre mir nie eingefallen, die Kleider meiner Mutter zu tragen, doch gefiel es mir, Gedichte schreiben zu können wie sie, vielleicht sogar bessere. Ihre Gedichte waren nicht »stark«, sie waren weich, voller Mitleid für die Kranken und Sterbenden. Kranke und Sterbende waren schlapp; ich bevorzugte die Soldaten in Uniform auf Ansichtskarten, die von der Front stammten und in Schuhkartons aufbewahrt wurden. Die gesamte Familie in österreichischer Uniform. Das da ist Onkel Heinrich, das da Onkel Salomon, dies hier ist dein Vater und das da ein Vetter seiner Schwägerin. Vermutlich wünschte ich ebenfalls, Soldat zu sein. Meine Mutter dichtete wie eine »Zivilistin«. Nicht zu empfehlen. Platitüden im Wäscheschrank, in der Schule eine Wiederholung von Trivialitäten. Wo ist die Wahrheit! Die Wahrheit war in Büchern. Bücher kennen hieß, Autoren und Titel kennen, wenn möglich auch etwas vom Inhalt. Hauptsächlich aber Autoren und Titel. So, wie es im gewöhnlichen Leben Landstreicher und große Männer gab, gab es auch in der Welt der Literatur gute und schlechte Bücher.

Romane waren besser als wissenschaftliche Bücher, wissenschaftliche Bücher waren besser als Abenteuergeschichten, von diesen wiederum hieß es, sie seien besser als Witzbücher, und Witzbücher wurden Kriminalromanen vorgezogen; doch selbst Kriminalromane waren besserer Lesestoff als eine Tageszeitung. Und noch die schlechteste Zeitung wurde dem Gebetbuch vorgezogen. AUTOREN WAREN GÖTTER OHNE AUSNAHME. Heinrich Heine, der bekehrte deutsche Jude, Friedrich Rückert, Hoffmann von Fallersleben. Und was immer diese Herren schrieben, reimte sich sehr geschickt auf Tod und Herz. Wilhelm Busch mit *Max und Moritz*, Erich Kästner mit *Emil und die Detektive*, Ringelnatz und Christian Morgenstern galten als Humoristen. Goethe und Schiller kannte man auswendig. Was sie geschrieben hatten, war heilig.

Namen, Namen, wir hatten Namen zu sammeln. Chaim Nachman Bialik, doch weiß ich nicht, was er geschrieben hat; Beer-Hofmann kann ich heute noch zitieren. Das waren »unsere« Poeten. Franz Werfel (*Stern der Ungeborenen*, ein Roman, der im Jahr 3000 spielt, und *Das Lied von Bernadette*) war gewiß ein bedeutender Autor, sonst hätten wir uns nicht mit ihm abgegeben. Jakob Wassermann war der Verfasser von *Das Gänsemännchen*; warum ich dieses Buch so liebte, verstehe ich nicht mehr. Ihn nannten wir »lesenswert«. In seinem Roman *Wer einmal aus dem Blechnapf frißt* beschrieb Hans Fallada das Arbeitermilieu. In trüben Hinterhöfen rieche es nach Kohl. Kinder leben vom Verbrechen. Käthe Kollwitz, Liebermann und Zille hätten das illustrieren können. Emile Zola, ein »anständiger« Mensch und ganz augenscheinlich kein Österreicher, hatte mit dem Dreyfus-Prozeß zu schaffen. Er verfaßte *J'accuse*, worin er die Ankläger des Hauptmanns Dreyfus des Antisemitismus beschuldigte. Zolas *Nana* wurde nur unter dem Ladentisch gehandelt und galt als aufreizende Lektüre. Außerdem kannte man ihn als Verfasser des *Germinal,* einer herzbewegenden Beschreibung des Elends der Bergarbeiter von Nordfrankreich. Daß man weder *Nana* noch *Germinal* gelesen hatte, durfte man schlimmstenfalls noch eingestehen, doch wer *Die Brüder Karamasow* nicht kannte oder *Die Erniedrigten und Beleidigten* oder *Der Idiot*, der hätte gleich verschwinden können. Dostojewski war »schwierig«, in seinen Büchern kamen zu viele Personen vor, doch waren sie fast ohne Ausnahme interessante, leidenschaftliche Menschen; selbst der Mörder Raskolnikow war höchst »menschlich« und nicht bloß Abschaum. Unser Schriftsteller war Dostojewski. Er und Gorki. Maxim Gorki schilderte die Proletarier in ihrem Elend, wie Dostojewski Generäle, reiche Kaufleute, schöne Frauen mit gebrochenem Herzen und zahllose bejammernswerte Aristokraten geschildert hatte. Dostojewski und Gorki machten uns die Welt um uns herum verständlich. Auch Wien war voll von verarmten, unglücklichen Aristokraten, Kleinbürgern, hungernden Arbeitern und verwirrten Luftmenschen. Doch die Wiener Schriftsteller schrieben nicht darüber. Stefan Zweig schilderte schwache Charaktere mit düsteren Leidenschaften, meist elegante, melancholische Gestalten. Bei Schnitzler gab es zahllose verkrachte Künstler, Ärzte, die durch alberne Liebschaften mit Schauspielerinnen ihre Karriere ruinierten. Seine österreichischen Offiziere waren hoch sexualisiert und ebenso hoch verschuldet, sie erschossen sich, wenn sie ihre Spielschulden nicht zahlen konnten. Feuchtwanger und Wassermann, Arnold Zweig und Thomas Mann beschrieben unglückliche Menschen, die litten und weinten, doch war das nichts im Vergleich zu den Leiden der Russen bei Dostojewski und Gorki. *Krieg und Frieden* hatte ich damals noch nicht gelesen, doch die *Kreutzersonate* und *Anna Karenina* kannte ich bereits, und seither bin ich überzeugt, daß jede einsame Frau auf einem Bahnsteig im Begriff ist, sich vor den Zug zu werfen.

Wenn Russen ihr Leben verdarben, machten sie das richtig; wenn Deutsche oder Österreicher das gleiche versuchten, war das Ergebnis nicht so überzeugend. Ich zog die russische Resignation den verklemmten deutschen Vorstellungen von Hoffnung vor. Die Russen waren auch komischer. Gogols Revisor ist nicht nur ein Schurke, er ist auch ein liebenswerter Mensch. Damit verglichen war Nestroys Lumpazivagabundus nichts als ein Clown. Überdies sah Gogol aus, wie man sich einen Schriftsteller vorstellt, Dostojewski, Gorki und Tolstoi ebenfalls. Alle hatten Vollbärte, Schnurrbärte oder langes Haar. Deutsche Schriftsteller hingegen sahen aus wie Geschäftsleute oder Bankangestellte, Thomas Mann zum Beispiel. *Die Buddenbrooks* war ein schier nicht endender Roman und der Verfasser ein glattrasierter Herr Doktor. Man vergleiche Turgenjews Aussehen mit dem von Rilke. Welch ein Unterschied! Die Russen waren romantisch und tragisch, die Deutschen wirr und bemitleidenswert. Immerhin gefiel uns Rilke. Rilke war zugleich romantisch und wirklich traurig. Der frühe Tod des Cornets überzeugte mich davon, daß es nicht heldenhaft ist, Soldat zu sein. Rilke beklagte den Tod eines jungen Soldaten, Erich Maria Remarque verfluchte den Krieg. Im Alter von neun Jahren erfuhr ich aus *Im Westen nichts Neues*, daß Krieg gleichzusetzen ist mit Scheiße, Läusen, Schlamm, einem Graben voller stinkender Leiber, ausgelaufenen Augen und abgerissenen Gliedmaßen, daß der gemeine Soldat sein Grab schaufelt, während sich die Offiziere im Kasino und im Bordell amüsieren. Die Uniformen und Waffen, besonders die Flaggen, die Schärpen und die Ordensbänder liebte ich sehr, doch den Krieg verabscheute ich. Alle Schriftsteller, die ich kannte, verabscheuten den Krieg. Tucholsky, Bertolt Brecht, Arnold und Stefan Zweig, Romain Rolland. Kurzum alle. Sie verabscheuten den Krieg, wie sie die Reichen und Mächtigen verabscheuten, die Aristokraten, die Bankiers, die Fabriksbesitzer, die Ausbeuter des Volkes. Die Welt war gemein, dumm und verkommen, das lag auf der Hand, und indem wir davon lasen, »verstanden« wir, warum das so war. Dieser Wahrheit konnte man nicht ausweichen. Einige wenige Apologeten versuchten es. Hermann Hesse zum Beispiel. In *Demian* und *Der Steppenwolf* und *Narziß und Goldmund* versuchte Hesse, wie es schien, »die allgemeine menschliche Schwäche« zu entschuldigen; das Leben, so redete er dem Leser ein, ist ein von leidenschaftlichen, zerrissenen Seelen bewohntes Labyrinth. Für Rabindranath Tagore kam es nicht einmal darauf an, ob man am Leben war oder tot. Alles war ein mächtiger kosmischer Kreislauf. Für einen Buddha sind Geburt und Tod das gleiche. Das gefiel uns nicht, diese Beschwichtigungsversuche lehnten wir ab. Wir wollten »Ja« hören oder »Nein«, »Vorwärts« oder »Zurück«, von einer goldenen Zukunft oder einer dunklen Vergangenheit. Die Kinder der ersten Sozialistischen Republik Österreich konnten ohne weiteres richtig von falsch unterscheiden, vorausgesetzt, sie machten sich die Mühe zu lesen.

»Hast du Hesse gelesen?«

»Ja, selbstverständlich.«

»Findest du ihn gut?«

»Er hat mir gefallen.«

»Du findest ihn also gut?«

»Ja, sehr gut.«

»Und was hast du von ihm gelesen?«

»Ich hab's vergessen.«

»Lügner. Hast du Tolstoi gelesen?«

»Wen?«

»Tolstoi.«

»Tolstoi. Tolstoi. Aber selbstverständlich habe ich Tolstoi gelesen.«

»Sag bloß nicht, daß du auch Tolstoi nicht kennst.«

»Wen?«

»Ah, du bist ein verdammter Schwindler. Nicht mal Tolstoi hat er gelesen!«

»Aber selbstverständlich habe ich ihn gelesen.«

»Und was hat er geschrieben?«

»Ja, was hat er geschrieben?«

»*Krieg und Frieden*, du Idiot.«

»Ach, der Tolstoi! Warum hast du das nicht gleich gesagt. Selbstverständlich habe ich *Krieg und Frieden* gelesen. Mir war nur entfallen, daß dieser, wie heißt er doch ... es geschrieben hat.«

»Und wovon handelt es?«

»Von Napoleon.«

»Das hat dir jemand vorgesagt. Von wem ist Romain Rolland?«

»Romain Rolland, Romain Rolland ...«

»Stottere bloß nicht.«

»Romain Rolland ist von Stefan Zweig, das wußte ich doch.«

»So? Von Stefan Zweig. Und was ist sonst noch von Stefan Zweig? Ist Arnold Zweig Stefans Bruder? Hat Werfel *Buddenbrooks* geschrieben oder Thomas Mann? Und was hat Werfel sonst noch geschrieben?«

»Moment doch, Moment mal.«

»Na? Wo fehlt es jetzt? Liest du denn gar nichts?«

»Doch, doch, ich lese viel.«

»Na, dann erinnere dich gefälligst: *Der Glöckner von Notre Dame* ist von Wassermann. Stimmt das?«

»Das stimmt ebenso, wie es stimmt, daß du den Verstand verloren hast.«

»Und wer hat den *Sergeant Grischa* geschrieben?«

»Spielt das eine Rolle? *Sergeant Grischa* ist von Sienkiewicz.«

»Ich habe gedacht, Sienkiewicz hat *Quo Vadis* geschrieben.«

»Nie im Leben. *Quo Vadis* ist von Rilke.«

»Das glaube ich nicht. Ich frage meine Mutter.«

»Lauf doch, frag sie. Die weiß es auch nicht.«

Was meist auch stimmte. Immerhin besaß meine Mutter Heine und Goethe, und damit waren wir hoch erhaben über die anderen Kinder; tatsächlich fühlte ich mich so hoch erhaben über die anderen Kinder, daß ich sehr oft allein war.

Mein Hirn ist nach wie vor angefüllt mit alten Fahrrädern, mit Gartenschläuchen und mottenzerfressenen Matratzen, mit verstaubten, zerfetzten Lampenschirmen und halb abgewrackten Öfen. Ich denke geborstene Kinderwagen ohne Räder. Meine Ohren sind voller Glasscherben, und in meiner Kehle stecken Murmeln. Wer konnte das alles gebrauchen, und wird es je jemand gebrauchen können? Nichts wurde weggeworfen. Man konnte nicht wissen, ob es nicht doch einmal nützlich sein würde ... eines Tages.

Eines Tages, sobald der Messias ins Horn stößt, werden sich Schweizer und Schweden aus ihren Gräbern erheben, frisch, sauber und emsig wie je. Ein zweiter Stoß ins Horn, und die Schweizer werden weitermachen, wo sie aufgehört haben: bei dem Versuch, das Reich Gottes schon in dieser Welt zu verwirklichen. Wenn es den Schweden und Schweizern gelingt, die Wiederkehr des Messias zustande zu bringen, werden sie die Welt in ein gut belüftetes, sterilisiertes Schließfach für die Ewigkeit verwandeln. Und vielleicht gelingt es ihnen wirklich. Eine tapfere neue Welt liegt am anderen Ende dieses Schweizer Sees, so eintönig und gleichförmig, daß wir sie kaum bemerken. Die gute alte Zeit von *1984,* die gute alte Zeit, als man sich noch die Mühe nahm, das Individuum zu beeinflussen, das Goldene Zeitalter der Gehirnwäsche, so werden die Enkel meiner Enkel sprechen. Ich werde dann ebensowenig unter ihnen sein, wie ich es jetzt bin. Wenn mir übel wird, speie ich zerbrochenes Porzellan aus und vergoldete Bilderrahmen. Was ist die Seele des Mitteleuropäers, wenn nicht gediegene Handarbeit aus dem neunzehnten Jahrhundert? Und nicht nur eine gewöhnliche Seele, sondern eine über dem Durchschnitt liegende Seele. Die besseren Leute im Prater waren frisch rasiert und trugen gewöhnliche Bürokleidung. Die besseren Leute (selbstverständlich Juden) sind nicht nur besser, verglichen mit Nichtjuden (das versteht sich von selbst), sondern sie müssen sich auch besser fühlen als andere bessere Leute. Um das deutlich zu machen, müssen bessere Leute ihre Nächsten verachten.

Ich wurde als drittes Kind in einer aus solchen besseren Leuten bestehenden Familie geboren. Unsere Philosophie war einfach, unsere Logik schlagend. »Besser ist, wer sich für besser hält. Wer sich nicht selbst für besser hält, wird von anderen schon gar nicht dafür gehalten.« Ob die anderen das nun wahrhaben wollten oder nicht, wir waren gewiß die besten der besseren Leute. Von Nachbarn und Bekannten hielten wir nicht viel. Daß es vorteilhaft ist, zu den besseren Leuten zu zählen, liegt auf der Hand: Wer sich besser vorkommt als andere, braucht sich um die äußerlichen Abzeichen menschlicher Qualität, um schöne Kleider, Möbel, Automobile nicht mehr zu bemühen. Die Nachteile sind allerdings nicht unbedeutend. Ein Kind besserer Leute darf auf der Straße nicht pfeifen, spucken, brüllen oder pissen. In die Reihen der besseren Leute kann man nicht aufrücken, man gehört dazu oder nicht. Wir verarmten Luftschloßbesitzer fanden alles lustig, ausgenommen unseren Geldmangel. Oder doch fast alles. Jude sein war allerdings auch nicht immer lustig. Doch Sex, Religion, Politik, Literatur, Leben und Tod waren lustig. Man konnte über alles Witze reißen, selbst darüber, daß man Jude war und kein Geld hatte, doch »ein Spaß ist ein Spaß«. In Wahrheit wußten wir es besser: Ein armer Mensch zählt nicht, ein armer Jude hat nicht das Recht, sich lebendig zu nennen. In Wien gab es zu viele arme Juden, und ganz allgemein gab es zu viele arme Menschen. Kaum konnte ich sehen, da lernte ich bereits, Schnitt, Farbe und Qualität der Kleider meiner Mitmenschen zu beachten. KLEIDER MACHEN LEUTE wäre ein schöner Slogan in Leuchtschrift. Statt dessen war es die erste in einer langen Reihe von »Wahrheiten«. Kleider machen Leute, eine Binsenwahrheit, die nicht schwer zu widerlegen ist. Wie aber wäre es mit EIN ARMER MENSCH ZÄHLT NICHT? Diese These ist schon schwerer zu widerlegen. Unsere Kleidung war leidlich in Ordnung (Flicken galten als »ehrlich«, Schmutz als verwerflich), doch »gezählt« haben wir in keinem Hof. Als ich das erste Mal von einem Kind auf der Straße – oder war es in der

Schule? – »dreckiger Jude« gerufen wurde, leuchtete mir ein, daß etwas dran war. Dreckig war ich nicht, aber aufgeräumt war bei uns nicht immer. Meine Mutter hatte vier Kinder, kein Geld und keine Hilfe in der Dreizimmerwohnung. Ich mochte mich ihretwegen nicht rechtfertigen, und da liegt die Wurzel allen späteren Übels. Es war bei uns vielleicht wirklich etwas unordentlich, in den Ecken und unter den Teppichen möglicherweise sogar etwas schmutzig, und »dreckiger Jude« war kein Witz, es war ein Kapitalverbrechen, und das Urteil konnte jederzeit vollstreckt werden.

Jahrelang habe ich diese Periode meines Lebens für beschämend und lächerlich gehalten, vergleichbar einem krumm gewachsenen kleinen Zeh oder einer Warze am Finger; manchmal habe ich sie auch als ruhmvoll angesehen. Wie haben wir die Armut, die Demütigungen und den Antisemitismus von Nachbarn und Mitschülern überlebt? Manchmal sah ich uns als Märtyrer in der Kanalisation eines Ghettos, in dem wir nicht wohnten, Widerstand bis zum letzten leisten. Das Bild hat sich erst kürzlich verändert. Wien war vermutlich eine Vorstadt mit Schornsteinkappen auf eindrucksvollen alten, weitläufigen Bauwerken, übelriechend von den Abwässern mehrerer Donauarme, und die Stadt war irgendwo anders. Die Stadt war Paris, London oder New York. Aus New York kamen Kleider und Anzüge aus Seide, zerdrückt und nach Mottenkugeln riechend, aber aus reiner Seide! Weiße Schuhe, mit perforierten, herzförmigen Kappen, Unterwäsche, die hinten geschlitzt war; Schlipse und Damenhüte in vielen Farben, weiße Handschuhe und weiße Socken (Was kann man da machen? Weiß gefällt ihnen nun mal da drüben), was alles meine Mutter bündelte und an Meyer verkaufte, Wiens größten Altwarenhändler. Denn: »Wer soll diese Lumpen tragen?« Manchmal behielten wir, nur zum Spaß, ein Paar weiße Handschuhe zurück, um damit Amerikaner zu spielen, Sonnenbrillen auf der Nase, den Hut auf dem Kopf. (Hätte man uns für etwas anderes halten können?) Am Ende hat Amerika Meyer mehr genützt als uns.

Meine Mutter schrieb Dankesbriefe, in denen sie behauptete, jedes Kleidungsstück sei eine wertvolle Auffüllung unserer Garderobe. Aber nicht nur, daß diese abgelegten Sachen niemandem von uns paßten, wir hätten uns auch geschämt, diese fremdartigen, exotischen Dinge zu tragen. Denn jedem wäre doch gleich aufgefallen, daß sie nicht neu waren. Und während man sich geflickter Sachen nicht zu schämen brauchte, waren Sachen aus zweiter Hand doch ganz was anderes. Solche blieben Landstreichern vorbehalten und den wirklich Armen. Wir hielten uns jedoch nur für vorübergehend unbemittelt (dank dem Bankkrach in der Wall Street usw., usw.), niemals aber für arm. Es hieß: Ihr Mitleid brauchen wir nicht. Bessere Leute haben ihren Stolz. Ledige Schwangere, irrsinnige Verbrecher, reiche Verwandte erregten unser Bedauern. Was nützte es, »bloß Geld« zu haben, sonst aber nichts? Ein Reicher, der nichts hat als sein Geld, ist arm – so lernten wir es von unserer Mutter. Künftig wird man in genetischen Brutkästen ganz gewiß bessere Leute herstellen können. Hier sind die Zutaten: ein Vater, der den Tag im Kaffeehaus verbringt oder auch anderswo, und eine Mutter, die daheim bei den Kindern sitzt. Bessere Leute, das ist offensichtlich etwas sehr Kompliziertes.

Die Grundfläche der Menschheitspyramide bildete der Bauer, noch halb im Schlamm versunken, und ihn zählten wir überhaupt nicht zu den Menschen. Der Bauer war ein Geschöpf ganz eigener Art. Fremd wie ein Indianer oder ein Abessinier. Es gab freundliche Bauern und tückische Bauern, großherzige Bauern und geizige. Aber Bauern. Zitat: »Ein Bauer ist kein Mensch.«

Erst etwa auf halber Höhe der Leiter traf man wirkliche Menschen, so jedenfalls glaubte man allgemein. Hier begegnete man dem Mitmenschen. Unterhalb des Mitmenschen wimmelte es von allen möglichen Geschöpfen: Juden und Kommunisten waren UNTERMENSCHEN. Mörder, Schänder und Sexualverbrecher waren VIECHER; mit UNGEZIEFER bezeichnete man ganz allgemein Juden und Polen; DRECK konnten nur Juden, arme Christen und Serben sein; GESINDEL waren Bettler, kleine Diebe, Zigeuner und Juden; SCHWEINE waren Juden *und* Nazis; MIST waren minderwertige Zwerge, Idioten, Prostituierte und Zuhälter.

Die erste Stufe des Menschen war der Mitmensch. Mitmensch ist der freundliche Nachbar, der arglose Fahrgast in der Straßenbahn, eine blinde, alte Frau. Eine »Person«, ein »Individuum« war nicht unbedingt schon Mensch. »Diese Person« konnte eine keifende Hausfrau sein, ein verschuldeter Untermieter; »dieses Individuum« ein Mörder oder Frauenschänder. »Ein Mensch« konnte sich als solcher nur ausweisen unter Beifügung eines Eigenschaftswortes. Ein feiner Mensch, ein netter Mensch, ein umgänglicher Mensch, ein mutiger Mensch, ein spaßhafter Mensch. Broll zum Beispiel war ein feiner Mensch, von ihm konnte man Geld borgen; Silber war ein guter Mensch, herleihen tat er nichts, doch hörte er geduldig alle Klagen an; ein netter Mensch war Mittler, der für eine vielköpfige Familie zu sorgen hatte; ein umgänglicher Mensch war Wedeles – immer grüßte er zuerst; ein mutiger Mensch war Fürst, er starb am Krebs, ohne jemandem ein Wort zu sagen; Schneider Oswald, zwanzig Warzen auf der Nase, arm, eine kranke Frau, war weder Mensch noch sonstwas. Doch sogar Oswald hätte zu den besseren Leuten zählen können, hätte er sein Elend verheimlicht. Der Mittelmensch war, wie schon der Name sagt, »kein großer Chochem und kein kleiner Narr«. Mittelmenschen waren unsere Bekannten, Lehrer, Händler, Kleinunternehmer und die Eltern unserer Freunde.

Über dem Menschen stand der Übermensch. Der Übermensch thront einsam inmitten seiner altdeutschen Möbel. Einstein, Freud, Theodor Herzl, Hesse und Dostojewski. Übermensch und Genie war ungefähr das gleiche. Viele gab es nicht davon, man kannte sie allesamt aus Büchern und von Plakaten. Nietzsche, Wagner, Schweitzer, Max Reinhardt, Übermenschen einer wie der andere.

»Ist Einstein ein Genie?«
»Aber selbstverständlich.«
»Ist Karl Lueger ein Genie?«
»Frag nicht so dumm.«
»Also ist er ein Genie oder nicht?«
»Selbstverständlich ist er keines.«
»Warum nicht?«
»Weil er nichts erfunden hat.« (Ein Genie mußte weltberühmt und zugleich ein guter Mensch sein.)
»Ist Madame Curie ein Genie?«
»Bist du verrückt? Wie soll sie ein Genie sein?«
»Sie hat doch etwas erfunden.«
»Trotzdem ist sie kein Genie. Eine bedeutende Persönlichkeit, das ist sie.«

Eine bedeutende Persönlichkeit mußte nicht unbedingt weltberühmt, reich und gut sein. Ferdinand Lassalle zum Beispiel war eine solche bedeutende Persönlichkeit; und eine bedeutende Persönlichkeit (nicht aber ein bedeutender Mensch) war Wiens Bürgermeister Karl Seitz; eine bedeutende Persönlichkeit (manche Leute behaupteten auch: ein Genie) war Zola, ferner Achad Haam, Ben-Gurion, Aron David Gordon. Bedeutsame Leute.

Auf der Spitze der Pyramide saßen die Helden: Bar Kochba; Judas Maccabäus; Prinz Eugen; Max Baer, der Weltmeister im Schwergewicht; Michael Strogoff, der Kurier des Zaren (ein berühmter Film); Karl May; Attila der Hunnenkönig; Lord Byron; Richard Löwenherz. Dollfuß nannte man einen *feinen Helden*, was kein Kompliment mehr war.

Hoch über den Helden schwebten die Dichter: Goethe, Schiller, Heine, Nestroy und zwei Dutzend andere. Und über den Größen dieser Welt, dicht bei Gott, saß der Größte von allen, Simon, mein Vater, Tabakswolken paffend und beim Fenster hinausschauend. Ein Mann, zugleich stolz und beschämt. Stolz, denn er lehnte es ab, wie ein erfolgloser Kaufmann aufzutreten, und beschämt, weil er genau das war. Verließ er sein Fenster, reiste er in Leinen und Kammgarn, und jedem, der es zuließ, legte er seine Muster vor. Angeblich verkaufte er Unterwäsche an Nonnen. Ab und zu kam er heim, um sich die Haare schneiden zu lassen, den Koffer voller Spielzeug. War er zu Hause, blühten die Blumen an der Küchenwand in sommerlicher Pracht, fuhr er weg, welkten sie, und man konnte sie vom roten Linoleumbelag aufkehren. Es war besser, einen reisenden Vater zu haben als keinen. Kaum war er weg, ließen wir beim Lebensmittelhändler anschreiben in der Hoffnung, Krieg oder Katastrophen würden unsere Schulden tilgen.

Er war ein Wiener Geschäftsmann und hatte wenig Geschäfte in dieser Welt. Halb Luftmensch und halb Baron. Er gab großzügig und borgte, was er konnte. Immer trug er eine rote Krawatte zum grauen Anzug, Kragen und Manschetten wurden von der Habsburger Dampfwäscherei handgewaschen und gestärkt. Sein Schnurrbart war tabakfarben, eine kleine braune Bürste unter der fleischigen, aber geraden Nase. Groß war er nicht, klein auch nicht, eher schon untersetzt. Sein Kopf war kahl, gelegentlich bildete sich ein Haarkranz um die Glatze. Wenn er keine Überschuhe anhatte, dann braune Gamaschen über Schnürstiefeln. Stets trug er eine Weste und, wenn sie nicht gerade versetzt war, die Uhr an der goldenen Kette. In sämtlichen Taschen hatte er Zigaretten bei sich, wie andere Leute Kleingeld, er rauchte zwanzig Zigaretten und mehr und pfiff dazu Operettenschlager. Die Kaffeetasse hielt er wie eine Gräfin, den kleinen Finger der rechten Hand leicht abgespreizt, denn ein Jahr vor dem Waffenstillstand hatte eine Kugel ihm an der galizischen Front den Handteller durchbohrt. Der Staat mußte daher zu seinem Unterhalt beitragen. Er war zu 35 Prozent kriegsbeschädigt; hätte er die Hand ganz eingebüßt, der Staat hätte ihm eine Lizenz zum Betrieb einer Tabaktrafik überlassen. Mein Vater hatte keinen bestimmten Gesprächspartner, meist redete er mit sich selbst. Freunde hatte er wohl, aber keinen Freund; er hatte Freunde fürs Kaffeehaus, Freunde, mit denen er Geschäfte ausheckte, unter Verwendung eines Fetzens Papier und eines Bleistiftstummels. Seine Freunde hießen Feuerstein und Auerbach, Morgenstern und Wedeles. Sie waren skeptisch und lustig, unpolitisch und areligiös, sie machten Witze und spielten Domino, und besonders gern sahen sie, hinter ihren Zeitungen versteckt, den Frauen nach, redeten von Politik und von der »Börse«. Alle schmuggelten Devisen, hinterzogen Steuern und waren ringsherum verschuldet. Hippies in Galoschen. Ich versuche, an meinem Vater besondere Tugenden zu entdecken, doch was ich finde, sind nur seine Großzügigkeit und seine gewöhnlich gute Laune. Er gab den Armen an der Tür »letzte Anzüge« und machte sich lustig über die Frommen, die Gott (»diesen hinfälligen, gebrechlichen Greis«) um immer noch mehr Geld anflehten. Mein Vater verabscheute die orthodoxen Juden. Er verachtete die Selbstgerechten und die Ehrbaren, er nannte sie »allesamt Heuchler«.

Er stammte aus Rabka in der polnischen Tatra, eine Fahrstunde von der tschechischen Grenze entfernt. Ein echter Österreicher. Schon zu seiner Zeit war Wien mit der Bahn in sechs Stunden zu erreichen. Er war der jüngste von fünf Brüdern, Ignaz, Adolf, Hermann und Heinrich. Seine um mehrere Jahre jüngere Schwester hieß Augusta, kurz Gusti. Der Vater meines Vaters, Jakob, starb, als mein Vater zwei Jahre alt war. Von seiner Mutter wußten wir nur den Namen. Sie hieß Maria Silberring, und nur Gott weiß, was für eine Frau sie gewesen ist. Wir haben von keinem der beiden je ein Bild gesehen. Rabka ist immer noch Kurort, hoch in den Bergen der Tatra, es kommen Leute aus Krakau und Warschau dorthin, zu Bergwanderungen oder zum Wintersport, oder zur Austrocknung der Lungen in eines der vielen Sanatorien. Kein *Schtetl*, dieses Rabka, kein Ghetto. Nur eine ganz gewöhnliche kleine Provinzstadt, die von ihren Touristen lebt und von denen, die an Tuberkulose leiden. Einer der Brüder, Ignaz oder Adolf, hatte die Schanklizenz für die Bahnhofswirtschaft. Vater Jakob hinterließ bei seinem Tod einen Kramladen und etwas Ackerland, doch hätte er das Erbe selber aufteilen sollen. Als die Brüder teilten, ging der jüngste leer aus.

Er verließ mit elf Jahren die Heimat, um in Budapest oder Wien das Textilgewerbe zu erlernen. Das dürfte 1895 gewesen sein. 1904, lange bevor die Flüchtlinge aus dem Osten in Wien eintrafen, war er bereits ein »alter Wiener« und stolz darauf. Irgendwann zwischen 1905 und 1915 betrieb er im dritten Bezirk zusammen mit seiner Schwester einen Lebensmittelladen – »Spezereien, Kolonialwaren, Delikatessen und Südfrüchte« –, der ihnen möglicherweise auch gehörte, doch stellte sich bei seiner Entlassung nach dem Krieg heraus, daß jedenfalls ihm nichts davon gehörte. Nun verlegte er sich auf Zerstäuber, mit denen man frische Luft in Kinosäle pumpte. Ich weiß nicht, ob er sie selbst herstellte oder von der Fabrik kaufte, doch beschäftigte er Reisende, die samt Auftragsbüchern, Mustern, Adressen und Bargeld verschwanden, ehe er merkte, was da vorging.

Nun machte er mit seinem Bruder Heinrich ein Textilgeschäft auf, sie unterhielten im neunten Bezirk einen Laden oder ein Büro. Heinrich war groß, er trug die gleiche braune Bürste wie mein Vater (einen Hitler-Chaplin-Schnurrbart) und hatte kein Haar auf dem Kopf. Ich habe lange geglaubt, beide Brüder müßten in ihrer Jugend rothaarig gewesen sein, doch hat man mir gesagt, ihre Haare seien pechschwarz gewesen, abgesehen von den Schnurrbärtchen. Sie sahen nicht jüdisch aus, sondern wienerisch. Mein Vater war weder so groß wie sein Bruder Heinrich, noch war er so abgebrüht und gewitzt. Wenn Heinrich gewann, so verlor Simon (mein Vater). Als Heinrich noch ein Automobil besaß, benutzte mein Vater bereits die öffentlichen Verkehrsmittel und machte ein Gesicht, als sei ihm das durchaus recht. Ihm war das einerlei. Er machte sich nichts aus Geld, nichts aus der jüdischen Religion, anscheinend auch nichts aus seiner Familie, also woraus machte er sich eigentlich was? Wolle unterschied er von Baumwolle, indem er einen einzigen Gewebsfaden anbrannte und daran roch, doch ich bezweifle, daß er sich auf diese

Fachkenntnisse etwas einbildete. Vermutlich hat er sich was aus Frauen gemacht. Beweise dafür haben wir nicht. Er war ein gewöhnlicher Vater, ein gewöhnlicher Wiener, und als gewöhnlicher Wiener kam er sich besser vor als alle anderen gewöhnlichen Wiener. Ich liebte meinen Vater und mein »Vaterland«. Auch jetzt noch, nach dreißig Jahren, da ich bei der geringsten Herausforderung Wien verfluche oder lächerlich mache, bin ich in diese Stadt verliebt. Ich bin in meinen Haß verliebt.

Der Mitteleuropäer wurzelt in der Landschaft. Wir sind Festlandbewohner und unterhalten eine Haß-Liebe zu unserem Geburtsort. Anders als jene, die an den Küsten unseres Erdteils geboren sind und wenigstens hin und wieder mit einem frischen Wind aus anderen Welten neue Gedanken zugeführt bekommen, bewegten wir uns in der Tretmühle des ältesten Imperiums Europas; teils taumelten wir im Kreis unter dem Gewicht von teutonischen und slawisch-jüdischen Idealvorstellungen, teils lagen wir zwischen den Mühlsteinen und wurden zu Pulver zermahlen für die Fässer utopisch-anarchistischer Revolutionen. Tatsache ist: Mein Vater war bis in den Kern Österreicher. Daß er in Polen geboren und Jude war, machte ihn nur um einiges mehr zum Österreicher. Österreich und besonders Wien waren nicht nur ein Land und eine Stadt, sondern eine Philosophie, die den unterschiedlichen Leuten gegenseitige Toleranz auferlegte. Nicht ein Programm, sondern eine Lebensweise, eine unbekümmerte Lebensweise. Es ist doch so: Juden werden sich stets vor allem als Europäer verstehen; Europa ist zwei Jahrtausende ihr Vaterland gewesen, und Israel ist heute ein Staat, der dem alten Österreich nachgebildet ist, wie New York wegen seiner Juden die europäischste Stadt außerhalb Europas ist. Fast alle Juden Europas hatten Geldsorgen, die besonders in den dreißiger Jahren drückend wurden; und vor allem in Wien. Familienväter mußten zu Handelsreisenden werden, wenn sie Ernährer bleiben wollten.

Meine Mutter wurde eine Heilige genannt. Die Gute. Die

Starke. Die Geduldige. Sie war mittelgroß, rundlich, blauäugig, braunhaarig, stupsnäsig und hatte vortretende Backenknochen. Sie wirkte wie eine Russin und besaß sehr kräftige, geschickte und elegante Finger. Sie kam aus guter Familie; unzählige Onkel, Tanten, Vettern und Cousinen in der Stadt konnten das beweisen. Wie muß mein Vater diese Familie, die stets Mutters Partei ergriff, gehaßt haben! In deren Augen war er verantwortungslos, leichtsinnig, zu großzügig, unverläßlich und so fort. Er hatte keinen Erfolg, und nur Mord und Bekehrung waren noch schlimmere Sünden. Der Vater meiner Mutter, Mechel Leib Birnbaum, war eine Säule der jüdischen Gemeinde zu Snyatin gewesen, und ein wohlhabender Viehhändler aus Snyatin am Pruth, zwischen Kolomea und Czernowitz, ist schließlich kein Niemand. Seine Frau Ethel ging, wie es hieß, mit Töpfen hausgemachter Hühnerbrühe zu den Armen und Waisen. Birnbaums waren die verkörperte Ehrbarkeit, Anständigkeit und Aufrichtigkeit, nebenbei waren sie auch noch »kultiviert«. Meine Mutter konnte Goethe und Heine aufsagen, das hatte sie in der deutschen Schule gelernt. Mein Vater, auch wenn er gewußt hat, wer Goethe und Heine waren (und bestimmt hat er gerüchteweise davon gehört), hätte das niemals zugegeben. Ein Professor, so hat er einmal gesagt, ist ein Mensch, der nicht gescheit genug ist, was anderes zu sein.

Wie Birnbaums und mein Vater miteinander bekannt geworden sind? Angeblich durch einen Heiratsvermittler. Daß mein Vater »in schon fortgeschrittenen Jahren« einen Vermittler konsultierte, war durchaus nicht zu beanstanden. Er war fünfunddreißig und noch Junggeselle, sie war siebenundzwanzig und Flüchtling. Sie kam nach Wien, als die Kosaken sich Snyatin näherten. Vor der Ehe hatte sie alles mögliche gemacht, hatte Zuschneiden und Nähen gelernt, auch in einer Filiale von Delka Schuhe verkauft, wo ihr Onkel Karl Geschäftsführer war. Ihre Brüder waren verheiratet, die Mutter tot, der Vater alt; was sollte sie in Snyatin anfangen? Mechel Leib den Haushalt führen? Die Familie wurde mobilisiert, und die Familie fand den optimalen Partner, den entfernten Verwandten Simon L.

Vermutlich war sie eine siebenundzwanzigjährige Jungfrau, und er ein Mann von Welt. Vielleicht verliebten sie sich gar ineinander. Großvater Mechel Leib mit den tiefliegenden, ehrlichen blauen Augen muß in dem jungen assimilierten Juden, der nichts von Thora und Talmud wußte, einen Playboy gesehen haben. Der Viehhändler war im Bezirk Czernowitz zu Hause, wo lauter gute und anständige Menschen lebten, dieser junge Mann jedoch, mit dem kleinen unjüdischen Bärtchen, war nirgendwo und überall zu Hause, ganz besonders aber in den Kaffeehäusern von Wien, Prag und Budapest. Die beiden Familien hatten nichts gemein miteinander. Doch die Eheschließung fand im Juli 1921 statt, und als Mechel Leib »seine Tochter glücklich gesehen hatte« (er wartete nicht erst ab, ob sich das etwa ändern könnte), kehrte er nach Snyatin zurück, um dort zu sterben.

Etwa zur gleichen Zeit verließen Chaim und Solomon, die Brüder meiner Mutter, soeben vom Militär und aus der Gefangenschaft entlassen, die Stadt Wien mit ganzen Wagenladungen von Waren. Sie hatten alles aufgekauft, was ihnen vor Augen kam, denn in Czernowitz konnte man alles verkaufen. Garderobenständer und Bügeleisen, Wärmflaschen und Bratpfannen, Kleider und Kinderschuhe. Was Chaim, der ältere Bruder, unternahm, nachdem sie den letzten Kleiderbügel losgeschlagen hatten, habe ich nie herausgefunden, doch Solomon, der jüngere, kaufte Getreide und Futter auf und endete schließlich als Eierimporteur und -exporteur. Solomon besuchte seine Schwester in Wien recht häufig und immer mit einem Koffer voller Würste und Gläsern voll Hühnerschmalz. Später schickte er seine Frau nach Wien, wo ein berühmter Spezialist ihr das Bein abnehmen sollte, weil es einen offenen Tumor hatte, der wie ein Misthaufen stank. Tante Pepi lag wochenlang bei uns im Wohnzimmer und verlockte uns mit Bonbons und Versprechungen, sie zu küssen (was wir mit zugehaltener Nase taten). Meine Mutter, getreu der Birnbaumschen Tradition, opferte sich auf, machte das Bett und leerte die Pfanne. Die Frauen schwatzten und seufzten miteinander, und da mein Vater viel reiste, war meine Mutter bestimmt froh, überhaupt Gesellschaft zu haben. Das sterbende Bein der guten alten Zeit in Snyatin und Czernowitz verband sie miteinander.

»Was gibt es Neues in der Welt, Rosa?«

»Nichts.«

Und drei Stunden lang unterhielten sie sich über nichts.

Das Wort nichts faszinierte mich ganz besonders. In der Ennsgasse, wo wir zuvor gewohnt hatten, war die Straße durch einen hohen Bretterzaun versperrt gewesen.

»Was ist hinter dem Zaun, Mama?«

»Nichts. Dahinter ist gar nichts.«

»Woher weißt du das, Mama?«

»Ich sage doch, da ist nichts, und überhaupt, was soll das?«

»Könnten wir es nicht vielleicht herausbekommen, Mama?«

»Wie denn?«

»Wir könnten aufs Dach gehen und runtersehen, Mama.«

»Wir können nicht aufs Dach gehen.«

»Haben wir den Bodenschlüssel?«

»Es gibt keinen Dachboden.«

»Es muß doch aber einen Dachboden geben?«

»Vielleicht gibt es einen, aber warum sollten wir da hinaufsteigen? Was möchtest du überhaupt wissen?«

»Ich möchte wissen, was dahinter ist, Mama.«

»Ich sage doch – nichts.«

»Warum bekommt man es dann nicht zu sehen, wenn es wirklich nichts ist?«

»Was kann es denn da zu sehen geben?«

»Wie sieht es dort aus?«

»Nach nichts. Es sieht nach nichts aus.«

Ich träumte davon, die Treppe ganz hinaufzusteigen, mich durch verstaubten, von Spinnen eingewebten Trödelkram zu winden, das kleine Fenster zu öffnen und selbst zu sehen, wie dies Nichts aussieht. Und in meinem Traum stieg ich an einem stillen Spätsommernachmittag hinauf, als alle schliefen oder an der Arbeit waren, öffnete eine Tür und drängte mich durch ein Dickicht aus verstaubtem Tand. Damals habe ich zum erstenmal gesehen, was ich, wie ich glaube, jetzt im Kopfe habe. Das kleine Fenster war lange nicht geöffnet worden. Ich hielt es mit zitternder Hand über meinem Kopf an seinem rostigen Bügel fest, Häuser und Dächer hatten die Farbe verloren, es gab wenig zu sehen und hinter dem Zaun wirklich gar nichts. Nichts als ein Loch, und auch das war so genau nicht auszumachen. Nichts. Meine Mutter hatte recht gehabt. Nichts ist nichts, und wo nichts ist, muß was sein, das Unsichtbare muß offenkundig werden – früher oder später. Meine gute, fast heilige Mutter lehrte mich, meinen Augen und meinem Hirn zu vertrauen: nichts ist nichts. Sie schenkte mir Knackwürste, Senf und Salzgurken, die meine Schwestern nicht bekamen. Ich war ihr einziger Sohn. Ihre linke Brust war der Euphrat, ihre rechte die Donau. Irgendwo weiter hinten floß ein Flüßchen namens Pruth, abseits in der Westukraine, doch vorn floß sie über von Liebe für ihre Kinder und Liebe zum Gott ihres Vaters, Mechel Leib. Wie die meisten jüdischen Frauen, die in ihren Vater verliebt sind, meinte sie nicht nur, daß ihr Sohn etwas Besseres werden müsse als der Ehemann, sondern die Söhne, verjüngte Ausgaben ihrer Großväter, müßten mindestens brillant sein und wenn möglich Genies. Auf die eine oder andere Weise sollten sie samt und sonders Doktoren werden. Müttern darf man nicht ungehorsam sein. Ich war eindeutig dazu da, »kein Landstreicher zu werden, sondern es im Leben zu etwas zu bringen«. Das mindeste, was ich ihr schuldete, war, Doktor werden zu wollen. Doktor der Medizin, ein ehrbarer Beruf mit vernünftigem Einkommen. Ich hatte nichts dagegen, Arzt zu werden wie unser Vetter Michael Gold aus New York. Er war vom anderen Ende der Welt gekommen, um Medizin zu studieren, und er war kein von Arthritis gekrümmtes Geschöpf mit Weste und goldener Uhr. Er lief in kurzen Hosen herum, er trug Pullover. Er spielte gern Fußball. Er wirkte durchaus menschlich. Ich hatte nichts dagegen, einem Mädchen den Puls zu fühlen, meinen Kopf über ihre linke Brust zu neigen. Es hätte mir nicht das geringste ausgemacht, Erika Kindl, Sonja Auerbach und Trude Wedeles zu untersuchen, und nichts war einzuwenden gegen ein Praxisschild an der Tür mit den Zeitangaben 9 – 10 und 3 – 4 darunter. Ich hatte andere Schwierigkeiten. Erstens wollte ich Clown im Zirkus werden, ein ernster Mensch, der andere zum Lachen bringt; zweitens wurden die Jahresabschlußzeugnisse in der Volksschule so vernichtend, daß meine Mutter zu der Ansicht kam, Hartl müsse sich irren oder, und das gab sie mit der Zeit zu, eine besondere Abneigung gegen seinen jüdischen Schüler verspüren. Wie konnte ihr Sohn, den sogar Lehrer für gescheit erklärten und der in seinem Zimmerchen umgeben von Büchern saß, ein so hoffnungsloser Schüler sein? Auch ich konnte nicht erklären, wie das möglich war. Ich versuchte zu verstehen, verstand aber nicht, denn es gab im Grunde nichts zu verstehen. Für mich gab es zwischen der Schule und dem wirklichen Leben nicht den geringsten Zusammenhang. Ich wollte nur einfach nie wieder in ein Krankenhaus. Weder als Patient noch als Arzt. Krankenhaus ist öde; langweilige Nachmittage unter Verstoßenen, die in ihre Kissen weinen. Dreiundzwanzig Stunden wartet man auf die eine Nachmittagsstunde, da man die Eltern sehen wird oder auch nicht. Kam die Besuchszeit heran, lösten die Nonnen die Riemen, mit denen wir während der Ruhestunden und manchmal auch des Nachts in die eisernen Bettstellen gefesselt waren wegen versuchter Masturbation. Vermutlich dieser Sünde wegen hatte man INRI über die Tür ans Kreuz genagelt. Wie er starben wir täglich mit ausgestreckten Armen einen sehr langsamen Tod, von der Qual nur befreit, weil rechtzeitig ein Engel eintrifft, der ihn vom Totempfahl abnimmt. Nicht meine Mutter war schuld daran, daß ich drei Wochen in der Hölle zubringen mußte, sondern Freddie Grünblatt: Versehentlich hatte er mir die rechte Niere zerschlagen, ich urinierte einen reichlichen Liter Blut, wurde in der Ambulanz weggeführt und bewogen, alle Spiele zu bedauern, die ich mit Freddie gespielt hatte. Er hatte meinen Penis in den Mund genommen und wollte mich zwingen, mit dem seinen dasselbe zu tun. Bei Siebenjährigen galt dies nicht mehr als kleiner Fehltritt. Ich bezahlte mit Blut für meine Sünden. »Sein Blut komme über euch und eure Kinder.« In wenigen Wochen im Krankenhaus lernte ich begreifen, was es mit der christlichen Religion auf sich hat. Es dreht sich dabei um Leiden, Blut, Blumen, Kreuze und kleine Oblaten, die der Hospitalspfarrer austeilt. Als ich entlassen wurde, wußte ich über die Kirche und das Krankenhaus gründlich Bescheid, ich hatte nicht den Wunsch, über eines dieser Institute noch mehr zu erfahren. Ich will kein Arzt werden, Mutter, ich will Clown werden. Zu spät, das heute auszusprechen, schon 1937 war es zu spät. Ich sollte »etwas werden«. Um aufs Gymnasium zu kommen, mußte ich eine Prüfung bestehen.

Ins Gymnasium eintreten ist wie in ein besser möbliertes Wohnzimmer eintreten, eine Speisekammer voll edlerer Speisen, ein Kaffeehaus voll lächelnder Gesichter, die »Herr Doktor!« rufen, kaum daß sie einen sehen. Nach acht Jahren Sprachpolitur und Befestigung jeglichen Aberglaubens entläßt das Gymnasium einen angeblich verbesserten Menschen. Man lernt dort den Kniff aller Kniffe: die Akkumulierung von Tatsachen und halben Tatsachen, kurz Wissen. Akademisches Wissen »öffnet alle Türen« – nach einigen Jahren auf der Universität ist man Doktor –, ob einem das paßt oder nicht. Ob der Intelligenzquotient der Gebildeten der Zeiger an der Waage ist, die Geld und Ehren wiegt, ist schwer zu sagen. Kenntnisse in Latein, Griechisch, Mathematik, Geometrie und Geschichte gelten als nützlich. Ich habe fast zwanzig Jahre gebraucht, um mich von dieser blödsinnigen Annahme frei zu machen, zwanzig Jahre, um meinen eigenen Wert im Vergleich zu dem Wert »wirklich gebildeter Menschen« festzusetzen, Menschen, die acht Jahre das

Gymnasium besucht haben und weitere acht Jahre die Universität. Die »Schule des Lebens« war zu ordinär, sie verdiente keine Achtung. Schließlich wird jedermann bis zum vierzehnten Lebensjahr eine irgendwie geartete Schulbildung vermittelt, dafür sorgt schon die Polizei. Keine Behörde der Welt zwingt einen dazu, ein Herr Doktor zu werden, das ist ein Privileg, um das man sich bemühen muß. Mein »armer Vater« hatte nach seinem elften Lebensjahr keine Gelegenheit mehr, eine Schule von innen zu sehen, hieß es. Der Glückliche.

Meine Mutter spürte Berta auf, die Tochter einer entfernten Cousine; Berta würde ihr, mir und sich selbst helfen. Ich sollte kein notleidender Handlungsreisender werden. Das gefiel mir. Gymnasiast sein war wie Herr Professor sein – nicht ganz das gleiche, aber doch etwas Ähnliches. Möchten uns der Herr Professor vielleicht heute abend in unserer Loge in der Oper besuchen? Möchten der Herr Professor den Tee im Arbeitszimmer? Und wie befindet sich die verehrte Frau Professor? Und wie geht es der Mama vom Herrn Professor? Nicht viele Leute redete man in der dritten Person singular an, nur Doktoren, Professoren, geistliche Würdenträger, Minister, Herzöge und Geheimräte. Mein Ziel war der Geheimrat – doch zuvor galt es, die Aufnahmeprüfung abzulegen, damit sich mir die Pforten des Chajesgymnasiums in der Staudingergasse öffneten. Das Chajesgymnasium war ein hebräisches Gymnasium. Hebräisch war dort ebenso Pflichtfach wie Latein und Griechisch, Französisch und Englisch. Aufs Chajesgymnasium bist du gegangen? Nun, der denkbar größte Glücksfall. Anfangs sagte ich: Nein, mit Berta will ich nicht arbeiten, doch geringfügiger Druck stimmte mich nachgiebig. Wie hätte ich meine bedauernswerten Eltern kränken dürfen? Es ist Kindern nicht gestattet, ihre Eltern zu kränken. Zweimal oder dreimal wöchentlich trabte ich über die Reichsbrücke, Bücher unterm Arm, Bleistifte in der Tasche, bereit, ein braves Kind zu sein, doch zutiefst überzeugt, daß ich nie und nimmer die

Aufnahmeprüfung bestehen, dann aber in Ruhe gelassen und nicht mehr daran gehindert werden würde, Zirkusdirektor oder Landstreicher zu werden.

Wie es Berta gelang, mir Dreiecke und Arithmetik verständlich zu machen, weiß ich nicht. Tee mit Zitrone und Brot mit Hühnerschmalz taten das ihre dazu. Anscheinend war ich mit Ernst bei der Sache. Überdies bot sich nach dem Unterricht Gelegenheit, im Prater spazierenzugehen. Ich bestand das Examen. Alle waren vor Wonne außer sich. Im Juli 1937 nahm das bislang so jammervolle Schicksal der Familie eine deutliche Wendung zum Besseren. Wir richteten in Gedanken die Wohnung ein, die ich für meine Eltern mieten würde. Sehr bald schon würde ich genug verdienen, um meiner Mutter eine Hausgehilfin dingen, sie mit Seidengewändern und Juwelen behängen, meinem Vater einen Mercedes kaufen zu können, um ihm seine Reisetätigkeit zu erleichtern. Meiner Schwester Elli würde ich in der Stadt Räume mieten, wo sie Moden entwerfen könnte, sie kopierte nämlich gern die neuesten Kleidermodelle aus der Zeitung. Meine zweite Schwester, Mira, sollte ihr Atelier haben und Ölfarben, soviel sie wollte, denn im Malen von Kindern, Hunden und Weihnachtsmännern war sie in ihrer Klasse unübertroffen. Meine jüngste Schwester Ditta, die (im Alter von acht Jahren!) noch nicht genau wußte, was sie mal werden wollte, würde sich vorläufig mit bunter Kreide und einem neuen Sprungseil begnügen müssen. Ich brannte darauf, die Familie zu retten, und war bereit, listige Schulaufgaben zu verrichten und mich von fünf oder sechs Lehrern ausfragen und quälen zu lassen. Und das nicht ohne Ergebnis. Frau Professor Klein, der die Nasenspitze fehlte, lehrte Latein, und bei der Erwähnung des Wortes Latein fällt mir sofort ein: »Wörter auf -cis, -quis, -nis sind masculini generis, dazu auch mensis, orbis samt collis, lapis, pulvis.« Dank Frau Professor Rosler, einer üppigen Spätdreißigerin, weiß ich, daß Bolivien Zinn exportiert, China Reis und England Stahl. Jedenfalls war das vor dreißig Jahren der Fall. Von Herrn Professor Gelernter, einer trefflichen Zielscheibe für Papierkügelchen, Reißnägel auf dem Sitz und schmutzigen Wörtern an der Tafel, lernte ich, daß Schalom hebräisch ist und soviel wie Guten Tag heißt. Professor Keller, dem Direktor, danke ich, daß ich von der Existenz eines Dinges namens Hypotenuse weiß, doch was das ist, ahne ich nicht. Professor Löwenherz, der gütigste und demokratischste aller Professoren, lehrte uns das größte Kunststück von allen: einen Menschen so zeichnen, daß er aussah wie dieser Mensch und nicht wie ein anderer Mensch. Löwenherz setzte sich zu uns in die Bank. Die anderen Professoren blieben auf ihrem kleinen Podest vor der Klasse stehen und redeten ununterbrochen fünfundvierzig Minuten lang. Sie redeten mir meine Tagträume aus. Ich wußte wohl schon nach den ersten sechs Wochen, daß ich es hier nicht acht Jahre würde aushalten können. Die Familie würde enttäuscht sein. Ich war ein totaler akademischer Versager. Ein Hochstapler unter den Professoren dieser Welt. Meine Stellung in der Schule wurde bald so hoffnungslos, daß mir vor jedem Tag graute. Ich war ein schlechter Schüler. »Nicht wirklich schlecht«, wie Professor Keller zu meiner Mutter sagte, »ich möchte sogar sagen sehr intelligent, aber ... er hört nicht zu, und arbeiten tut er auch nicht.« Die Familie war mit Recht niedergeschlagen. Ich hatte so viele gute Dinge versprochen, und nun sah es aus, als würde ich nicht fähig sein, diese Versprechen einzuhalten. In Deutsch war ich mehr oder weniger der Beste in der Klasse (und bin es auch heute noch, wenn man gut aufpaßt), in Geschichte und Geographie war ich gut, aber in allen anderen Fächern hoffnungslos. Für Geschichte brauchte man nur ein mäßiges Zahlengedächtnis, und Geographie war wie Briefmarkensammeln, eine preiswerte Methode, die Welt zu bereisen.

Meine Mutter versuchte stolz zu sein auf meine Leistungen in der Schule – Bester im deutschen Aufsatz –, doch sehr glücklich war sie nicht darüber, denn sie zweifelte daran, daß

Schriftsteller und Poeten eine Zukunft haben. Es stimmt, daß man auch ohne mathematische Kenntnisse Schriftsteller werden kann, doch welche Sicherheit bietet sich da fürs Leben? Sie ahnte nicht, daß ihre Zweifel an den Aussichten der Schriftsteller mich mehr als alles andere anspornten, »Künstler« zu werden. Ein Dichter, ein Schriftsteller, ein Künstler war jemand, der nur durch das Medium seiner Kunst mit dieser Welt in Verbindung trat. Dies war die einzige Art Beruf, wo man Kenntnisse nicht von außerhalb herbeiholte – man hatte »Talent« oder man hatte keines.

Ich wagte nicht, mich ihr zu eröffnen, ich behielt dieses Geheimnis für mich und hoffte im stillen, daß mir durch den Eingriff des Schicksals weiterer Schulbesuch erspart bleiben würde. Einige wenige mit der Schule zusammenhängende Umstände empfand ich als erfreulich. Daß man die Straßenbahn mit einer besonderen Schülerkarte benutzen durfte, die man dem Schaffner einfach vor die Nase hielt; daß ich mit Löwenherz zeichnen durfte; und daß ich Vorsitzender der von mir gegründeten Radikalsozialistischen Partei war. Noch dreißig Jahre später erinnere ich mich der Namen der Mitglieder: Jankl Brenner; Haptschi Helfgott; Hanni Adler; Pepi Schmetterling; Gerti Deak. Zu meinem Klub zählten die hübschesten Mädchen, und dafür lohnte es sich schon, morgens um sieben Uhr aufzustehen. Es hatte auch seine philosophische Seite, mit Löwenherz zu zeichnen. Er verlangte von uns, die Anatomie der Menschen zu zeichnen, wie sie die Illustrationen im Lexikon der Medizin zu Hause zeigen. Anhand dieses Lexikons machte ich die Mädchen meines Klubs (auch andere, die zuhören wollten) mit den »Tatsachen des Lebens« bekannt. Die »Tatsachen des Lebens« waren die weiblichen und männlichen Fortpflanzungsorgane, der Menstruationszyklus, die Geburt. Löwenherz wollte die männliche Anatomie glatt dargestellt haben, ohne Sexualorgane. Ist es denkbar, daß der Mensch innen mit roten Linien ausgefüllt ist, mit rosa und blauen Luftbläschen? Totenkopf und Skelett, die wir von der Geisterbahn im

Prater kannten, waren sie wirklich der Kern des Menschen? Eine üble Entdeckung, doch mit der Zeit gewöhnt man sich daran, Wasser und Knochen und etwas Haut, ein Loch, um Speise einzuführen, eines zum Pissen, eines, um die Gedärme zu entleeren. Löwenherz' anatomischer Unterricht läßt mich bezweifeln, daß Zionismus die Patentlösung für die Juden ist und Sozialismus das beste Rezept für die Verbesserung der Menschheitsverhältnisse. Aus Furcht, für zimperlich und sentimental gehalten zu werden, hätte ich keinem Menschen anvertraut, daß meine Überzeugungen und meine Ideale durch Rot (gleich Blutgefäße) und Blau (gleich innere Organe) zerstört wurden. Selbst das Skelett eines Huhnes regte mich an zu »denken«. Ich vergrub Hühnerknochen. Ameisen verwandelten sie in Teile eines Skeletts. »Genau betrachtet sind wir allesamt Skelette, wovon du dich leicht überzeugen kannst«, redete mir jemand ein. Wir sind nicht Zionisten und Juden, sondern Skelette. Nicht Österreicher und Nazis, sondern Skelette. Jeder einzelne ist ein Skelett, wird geboren mit einem kleinen Skelett und stirbt mit einem größeren. Das Skelett ist die Wurzel des Menschen. Beide findet man in der Erde, beide sind nicht vorstellbar, ehe aufgedeckt, nicht sichtbar, ehe ausgegraben. Unser Zeichenlehrer Richard Löwenherz (Namensvetter eines sehr bekannten nichtjüdischen Kreuzfahrers) lehrte mich Philosophie, lehrte mich, über den Menschen so nachzudenken, als könne man ihn durch bloßes Denken verändern. Ich lernte weder Griechisch noch Latein, weder Geographie noch Mathematik, das Gymnasium lehrte mich nur eines, das im Lehrplan nicht verzeichnet stand: »über den Menschen nachzudenken« – oder »ernstes Denken«, wie wir es nannten. Als Zehn- und Elfjähriger machte ich mich an diesen neuen Stoff heran. Literatur und wer ist wer und wer hat was geschrieben, war kein Gesprächsgegenstand mehr. Als ich ins Gymnasium eintrat, hatte alle Welt Dostojewski, Tolstoi und die anderen großen Männer gelesen oder von ihnen gehört. Zwischen zehn und elf wurde es Zeit, mit dem Denken anzufangen.

Was ist der Mensch wirklich? war die Preisfrage, auf die es so viele Antworten gab wie Knaben auf einer Bank im Augarten. Jeder begann unweigerlich mit der Formel: »Meiner Meinung nach ...« oder, falls er sich unterscheiden wollte, begann er auch: »Wenn ihr mich fragt ...« Die Frage, wer der Mensch wirklich ist, führte schnurstracks zu der Frage, wer Gott in Wirklichkeit sei. Daß Jesus in Wirklichkeit Jude gewesen ist und daß die Gojim uns dafür danken sollten, daß wir ihn gekreuzigt und geopfert haben, anderenfalls sie heute noch Heiden wären, das erörterten wir schon gar nicht mehr. Wir hatten es für sie getan, das stand außerhalb jeder Diskussion. Es war auch nicht mehr von einem besonderen jüdischen Gott die Rede oder von einem, der aussieht wie jedermanns Großvater. Wir erörterten die Idee Gottes. Warum braucht der Mensch Gott? Warum erschafft er sich Gott? Ganz offenbar hat nicht Gott uns erschaffen, sonst würde er uns ewig leben lassen. Das waren Fragen für Atheisten. Die religiösen Knaben, die Feiglinge, beteiligten sich nie an diesen Debatten. Sie wagten es nicht, es sei denn, sie waren zu mehreren. Mit einem oder zweien von ihnen wurde man noch fertig, vier oder fünf waren jedoch zuviel, sie unterstützten einander wie eine Fußballmannschaft, während wir Atheisten nicht nur ihre religiösen Märchen, sondern uns auch untereinander bekämpften. Atheismus setzte Charakterstärke voraus und eine gewisse geistige Beweglichkeit, der man verdankt, daß man nicht bei der Verwendung solcher Redensarten wie »Lieber Himmel«, »Gott bewahre« oder »Mit Gottes Hilfe« ertappt wurde. Es fand sich dann sofort jemand, Freund oder Feind, der einen darauf aufmerksam machte, daß Atheisten »kein Recht« hatten, solche Ausdrücke zu verwenden. Von meiner Mutter wurde ich in diesen Dingen kaum aufgeklärt. »Wenn du daran glaubst«, sagte sie, »so gibt es einen Gott, und es gibt einen Gott, weil du lernst, an ihn zu glauben.«

»Woher weißt du das, Mama?«

»Man weiß Gott nicht, man fühlt ihn. Du mußt Gott fühlen!«

Gott weiß, daß ich mich redlich mühte. Ich machte einsame Spaziergänge, saß eine Stunde still in meinem Zimmer, ich betete sogar stumm: »Bitte, Gott, laß mich dich fühlen, ich will dich fühlen, Gott.« Und ich fühlte nichts, was ich nicht ohnedies in diesem Moment auch gefühlt hätte. Hunger oder Durst, ein Verlangen nach Süßigkeiten oder Mädchen. Die Wörter »hoch und heilig« brachten mich, wenn überhaupt, auf Gedanken, dann auf solche an Mädchen und an unanständige Reime. (Ich pudere auch heute noch am liebsten zu Bach und Buxtehude.) Der Gott, den ich »fühlen« wollte, war die geheimnisvolle Macht über Leben und Tod. Um sein Nichtvorhandensein zu beweisen, verlachten wir die biblischen Geschichten als »wissenschaftlich erklärbar«. Gott war ganz offenkundig ein psychologisches Phänomen. So nannten wir ihn zwar nicht, wir sagten »Phantasieprodukt«, und das kann man nicht »fühlen«. Die »Vorteile«, die mit der Religion verbunden waren, lagen vor aller Augen. Uhren und neue Kleider zu Bar Mitzwah, für katholische Kinder gelegentlich der Firmung eine Fahrt im offenen Fiaker. Die Religion glich einem magischen Ritus, einer Phantasterei, bei der neue Fußballstiefel herauskamen und Fahrräder. Der Atheist war der wahre Asket, der echte Heilige, teils Rebell, teils Held, und sein einziger Lohn: Redlichkeit. Ich wußte, daß es richtig war, nicht an einen unsichtbaren Gott zu glauben. Das Unsichtbare kann man nicht anbeten, es ist überflüssig, den eigenen Geist zu verehren, das wäre Götzendienst, Religion ist also Götzendienst, dachte ich mir. »Gott ist ein alter Mann, brüll ihn nicht an«, bemerkte mein Vater hierzu. Doch was ist das für eine Welt, in der wir leben, wenn es keinen Gott gibt und der Mensch ein Skelett ist? Doch offenbar eine Welt ohne Substanz, eine Welt ohne Inhalt, vielleicht gar eine Welt ohne menschliches Dasein.

Mit neun oder zehn Jahren wollte ich Fürst Myschkin sein, Dostojewskis Idiot, ich wünschte mir seine Milde, seine Zartheit, seine Güte und sein Verständnis, wahrscheinlich weil ich das ganze Gegenteil war. Ich kam zu dem Schluß, daß man nicht sein und zugleich der sein kann, der man sein möchte. Wer ein Myschkin sein möchte, kann keiner werden, doch kann man sich in jeden beliebigen verwandeln, wenn man aufhört, sein zu wollen, was man nicht ist. Warum aber Myschkin und nicht Raskolnikow? Weil Myschkin stark ist und kühl, Raskolnikow hingegen listig, aber verwirrt. Weil Myschkin voller Liebe und Verständnis ist, während Raskolnikow die Ermordung einer Greisin plant. Und während Myschkin gerettet wird, wird Raskolnikow für alle Zeit verurteilt und verdammt. Myschkin mag ausgelacht werden, doch er wird geliebt. Raskolnikow aber wird gerichtet und bestraft.

Ich wollte eine christusgleiche Gestalt werden, ein Christ, eine gute, alles vergebende Seele, ein Christ unter Christen. Fürst Myschkin, der geduldige, friedliche, sanfte menschliche Idiot war der einsame Held zwischen gierigen, zynischen, wohlhabenden, ekelerregenden Bürgern. Ich glaubte nicht, daß es Menschen geben könnte, denen ebenfalls am Herzen lag, was für mich wichtig war. Ich nahm auch an nichts teil, was andere für wichtig hielten. Der Außenseiter war nicht ich, im Gegenteil, ich hielt die anderen für Außenseiter und mich in jeder Verkleidung für den Mittelpunkt der Welt. Es lag mir nicht zu folgen. Entweder war ich in der ersten Reihe, oder ich blieb zu Hause. Man drängte mich zurück, schob mich in die Ecke, nicht, weil man mich nicht mochte – man mochte mich, man hielt mich für witzig und unterhaltsam –, doch immer, wenn ich versuchte, das Kommando zu übernehmen, befahl man mir, in die Reihe zurückzutreten. Ich war zu weit voraus oder zu weit zurück. Nie würde jemand neben mir gehen dürfen. Ich wollte Anführer sein, etwas Besonderes, den meisten eine Gestalt, nur wenigen ein Freund.

Konnte ich andere nicht ertragen? Verabscheute oder verachtete ich sie? Eigentlich nicht. Ich verabscheute oder verachtete sehr wenige Menschen. Im Gegenteil, ich hatte gern viele Menschen um mich, ohne sie hätte ich nichts anzuführen gehabt. Meine Überzeugung, ein geborener Anführer zu sein, ruhte auf keinem einleuchtenden Anspruch. Weder hatte ich besonderen Mut noch ein vornehmes Elternhaus, keine Reichtümer, keine auffallend edlen Züge, ich war nicht besonders liebenswürdig, verhielt mich nicht beispielhaft. Da ich weder besondere Tugenden vorzuweisen hatte noch besondere Laster, deretwegen man mich hätte verdammen können, stellte ich keine Ansprüche, sondern tat, als wäre es so. Ich tat so, als sei ich wie ein einsamer Fallschirmspringer in der Wildnis ausgesetzt worden und warte darauf, daß meine Kompanie mir folge. Ich selbst würde mich niemals auf die Suche nach den anderen machen, die Kompanie hatte gefälligst mich zu finden. Eine einsame Stellung. Isoliert in einer Welt, die ich mit Recht meine Heimat nennen durfte. Ich übte an beinahe allem Kritik, so gut wie nichts fand ich richtig. War es doch richtig? Aber: Konnte richtig sein, was mir nicht so vorkam? Wer aber ist dieses Ich? Die anderen glaubten mich frei von Furcht, und ich erinnere mich nicht, je vor Gespenstern Angst gehabt zu haben, doch verlangte ich gelegentlich, daß überall Licht brannte, auf dem Korridor und im Schlafzimmer. Und auch auf der Toilette sollte die ganze Nacht Licht brennen, denn ich könnte vielleicht den Schalter verfehlen. Dann wieder fühlte ich mich im Dunkeln ganz wohl, spielte im Dunkeln, wartete in einem dunklen Zimmer darauf, daß meine Schwestern ins Dunkel einträten, verbarg mich im Dunkeln und wurde nicht gesehen. Sie mußten rufen: »Wo bist du?« während ich auf den ersten Blick sah, wo sie waren.

Ich liebte die Dunkelheit. Ich fürchtete sie nicht, vorausgesetzt, daß ich allein im Dunkeln war, vorausgesetzt, ich war aus eigenem Antrieb und meiner eigenen Neugier folgend im Dunkeln. Allein fühlte ich mich stark; die Gegenwart anderer ängstigte mich. Das Nichts nicht zu fürchten, hatte mich meine Mutter gelehrt, und ich glaube auch heute noch, daß Lebensangst und Lebensmut von den Müttern auf die Söhne vererbt werden. In mir, in meinem Zuhause, in meiner unmittelbaren Umgebung ist ein langer, langweiliger, öder Sommernachmittag, der mich ängstigt, vielleicht weil andere in die Ferien fuhren, wir aber nie. Bis auf ein einziges Mal, im Sommer 1936, als ich neun Jahre alt war.

Der Ort hieß Kobersdorf im Burgenland, der östlichsten Provinz Österreichs, dort hatte der »Barak«, die zionistische Jugendbewegung, ein Kinderferienlager organisiert. Wir schliefen in einer Scheune, wuschen uns an einer Quelle und saßen abends am Lagerfeuer. Ich hatte anfangs Schwierigkeiten, weil ich mit den Zähnen knirschte, was die anderen Kinder am Schlafen hinderte. Ich war nicht unbeliebt, doch machte man Bemerkungen wie: »Neben dem kann man nicht schlafen.« Ich versuchte, diese Scharte auszuwetzen, indem ich lustige Geschichten erzählte und Dialekte nachahmte; als Alleinunterhalter stand ich sogleich abseits, empfand mich als »anders«. Ich konnte nicht sagen, wie oder warum, doch anders war ich, ich hatte fast zu jedem Gesprächsthema eine andere Meinung. In der Politik, einer der Hauptsachen unseres Lebens, trat ich für einen Sozialismus ein, der so radikal sein sollte wie der Anarchismus, und zugleich für einen gut organisierten, konservativen Staat. Vielleicht eine schizoide Auffassung; heute möchte ich sie nicht so von der Hand weisen. Sie ist weniger verrückt, als sie klingt.

Ich befürwortete die staatliche Kontrolle der Wirtschaft, die gleichmäßige Verteilung der Waren wie Fahrräder, Fußbälle, Kaugummi, und dabei trat ich für eine rigorose Klassentrennung ein; hier alle jene, welche die Wohltaten der sozialistischen Gesellschaft genießen, dort die Intellektuellen. Intellektuelle sind Personen, die denken, Phantasie und abstrakte Vorstellungen von Recht und Unrecht haben. Diese sollten weniger an den materiellen Errungenschaften partizipieren, dafür aber die Achtung des Volkes genießen. Ihnen sollte verboten sein, sich mit dem Volk zu vermischen, in es einzuheiraten. Sie sollten sich abgesondert halten. Sie sollten eine eigene, in sich geschlossene Welt bilden, sollten unerreichbar sein wie Kabinettminister und Gesetze machen. Jedes ihrer Worte sollte Gesetz sein. Ich wollte keine tyrannische Gesellschaft, keine Diktatur, ich sah keinen Alleinherrscher vor, der seine Hände im Blut des Volkes waschen durfte. Es war mein Traum von einer gerechten Gesellschaft, die wir, die Juden, nötiger brauchten als andere.

Als die Deutschen eines Freitagmorgens in Österreich einmarschierten (Freitag, der Dreizehnte!), hatte Gott auf immer bei mir verspielt. Der Krieg gegen die Juden begann praktisch tags darauf. Am Samstag war ganz Wien ein riesiges Hakenkreuz. Falls Gott das gewollt hatte, und angeblich geschah ja alles nach seinem Willen, mußte er ein schändliches Ungeheuer sein, halb Krampus, halb feuerspeiender Drache. Und doch tat dieser gleiche Gott (die Deutschen, der Teufel) hier und dort etwas Gutes. Mir verschaffte er den lange herbeigewünschten Vorwand, nicht mehr regelmäßig die Schule zu besuchen. Hausaufgaben waren, Gott sei Dank, reine Zeitverschwendung geworden. Die Stadt hatte jetzt an Phrasen mehr zu bieten als hypothetische Dreiecke und lateinische Sätze. Im Sprechchor gebrüllte Naziparolen und marschierende SS- und SA-Formationen waren ein schöner und aufregender Unterricht in Philosophie, Politik und Soziologie. Ein Tscheche namens Navratil war Österreicher, ein Pole mit unaussprechlichem Namen war ebenfalls Österreicher. Italiener, Ungarn, Rumänen – allesamt Österreicher. Nicht aber ein Jude mit dem gut deutschen Namen Landwirth – nein. Ein Jude konnte nicht Österreicher sein. Ein Jude war eine Hyäne, ein Schwein, ein Schweinehund, ein Hund, ein Untermensch, ein Verbrecher, Lügner, Ungeheuer; nach dem 13. März war er alles dies und Schlimmeres amtlich. Ein neues Bewußtsein erwachte.

Warum sollen sie uns gern haben? lautete eine der Lieblingsfragen meines Vaters, und eine andere: Was wäre das für eine Welt, in der ein Goj sich gehemmt fühlt, einen Juden einen Juden zu nennen? Nennen denn nicht auch wir die Gojim *Gojim*? Die Ungarn *Nemtudoms*? Die Rumänen *Diebe*?

Die Italiener *Katzelmacher* (worunter etwas wie ein unzuverlässiger, doppelgesichtiger Arschlecker zu verstehen ist)? Er nahm es hin, daß er ein bißchen anders war, daß man ihn ein wenig mehr diskriminierte als andere, und machte sich nichts daraus. Mein Vater sagte: »Wien ist Wien, Juden sind Juden. Schwarz ist schwarz und Jude ist Jude, denn wir können uns nicht leisten, was anderes zu sein.« Doch was sind eigentlich Juden? Mutter aß weder Speck noch Schweineschmalz, also war sie wohl wirklich Jüdin, doch mein Vater und wir Kinder aßen beides gern. Kaninchen nicht, auch Schweinebraten nicht und keine Schalentiere. Aber Speck und Schinken schmeckten uns gut. Wir konnten also keine richtigen Juden sein. Mein Vater sah nicht jüdisch aus, meine Mutter sah nicht jüdisch aus, wir hatten keine Judennasen, dafür aber gute deutsche Namen. Woher wußten eigentlich die anderen Kinder, daß bei uns was nicht stimmte? Was bei uns nicht stimmte, war, daß alle Juden Aristokraten sind, auch unsere Schwindler und Luftmenschen. Wir hatten der Welt Christus, Marx und Freud »geschenkt«. Wir sind exklusiv. Anders sein und gehaßt werden, heißt auserwählt sein. Auserwählt zu leiden und große Taten zu vollbringen. Österreich ist nur ein Warteraum, für Zionisten der Abgangsbahnhof. Endstation ist Jerusalem. *Juden raus*? Genau das verlangten die Zionisten lautstark, seit Theodor Herzl für die Juden einen eigenen Staat gefordert hatte, geradeso wie die Serben, die Tschechen, die Magyaren einen hatten. Wir gehören nach Palästina, wo das nun auch liegen mag. Wenn Ungarn, Polen, Slowenen und Tschechen, Slowaken und Serben einen eigenen Staat brauchen, um darin ihre eigenen Angelegenheiten zu betreiben, dann brauchen die Juden ebenfalls einen. Längst vor den Nazis gab es die Zionistische Bewegung. Ein Jude hatte die Wahl, entweder Opfer zu sein oder »Herr seines Geschicks«.

Entweder hatte er unablässig Erniedrigungen zu erdulden, oder er mußte Selbstachtung lernen, so jedenfalls drückten die Erwachsenen es aus. Viktor Rosenfeld, mein Religionslehrer, bewog mich, im Alter von acht Jahren »Selbstachtung« zu wählen. Er überredete mich, in einem Chanukkaspiel den Matatias zu übernehmen, den Vater des Judas Maccabäus. Ich übernahm die Rolle, weil ein weißer Bart dazugehörte, und war plötzlich Mitglied der zionistischen Jugendorganisation »Barak« (»Blitz«) der Judenstaatspartei. Als sich herausstellte, daß die Judenstaatspartei keine sozialistische Partei war, sondern die Partei der Liberalen, war es zu spät. Ich trug bereits die blaue Uniform. Es sah ganz so aus, als hätte ich meine sozialistischen Grundsätze für eine Uniform verkauft. Ein blaues Hemd, blaue Hosen und eine blaue Soldatenmütze mit silberner Menorah-Kokarde. Man dekorierte mich mit einem schmalen Streifen auf dem Kragen, weil ich die Daten sämtlicher Zionistenkongresse auswendig wußte. Ich besaß einen ledernen Schulterriemen, einen ledernen Gürtel und eine Silberschnur mit Trillerpfeife daran. Wir lernten marschieren und Musik machen, wir konnten militärisch grüßen, konnten im Chor singen und sprechen und kannten alle Lieder auswendig. Ich lernte sie geradeso mühelos wie die anderen. Ich wäre gern Soldat gewesen, aber nur ein jüdischer Soldat.

Mein zweiter Held hieß Josef Trumpeldor, ein Russe ganz anderer Art. Der sensitive Myschkin war Aristokrat und Christ; Trumpeldor jedoch war Soldat, war Jude, war eine Figur der Politik und ein populärer Held geworden, als er einsam auf vorgeschobenem Posten weit im Norden Galiläas fiel. Er bekam einen Bauchschuß, die Eingeweide quollen heraus, er stopfte sie mit eigener Hand wieder hinein und sang: *Folgt in meiner Spur*, eines meiner Lieblingslieder.

In Tel Chaj, im Galil
Fiel Trumpeldor für unser Volk.
Für unser Land fiel der Held Josef.
Über Berge und Täler lief er
Um Tel Chaj zu verteidigen
Und den Brüdern zu sagen:
Folgt in meiner Spur.

Im Dezember 1938 ging ein Zug nach Hoek van Holland ab. Es würde Verzögerungen geben, unnötige Aufenthalte, gewisse Schwierigkeiten, »doch wenn ich dein vergesse, Jerusalem, möge meine rechte Hand verdorren«. Statt des Abendgebetes, das meine Mutter mich gelehrt, wiederholte ich jeden Abend diese Worte, die auf der seidenen, weißblauen Fahne um den Davidstern gestickt waren. Eine verdorrte Rechte würde noch beschämender wirken als Flicken auf meiner Hose.

Die Juden verschwanden, die meisten wanderten aus, doch Wien starb, als es seinen Lebensgeist in einem Akt des Autokannibalismus zerstörte. Juden und *Verjudete* hatten die Türen der deutsch-österreichischen Kultur für andere Sprachen, andere Denkweisen und Neigungen offengehalten. Die Massen haßten jene, die sie in ihrer Lethargie störten. Die nationalsozialistische Revolution war die Revolution gegen alles Kosmopolitische. Wien konnte auch ohne seine Juden auskommen. Aber man schaue gut hin. Hinter einer Fassade des Komforts und der Liebenswürdigkeit, hinter den Schaufenstern voller Luxusartikel, hinter dem Schleier eleganter, raffinierter Neigungen verbirgt sich nichts als das Gähnen ewiger Langeweile. Wien ist eine tote Stadt, voll von feisten Skeletten.

Die Birnbaum und die L. hingegen sind ein starkes Geschlecht, sonst hätten sie es nicht überlebt. Daß Juden lebhafter und energischer wirken als andere, ist nicht überraschend – kein anderes Volk ist so häufig durch die christlichen Mühlen »natürlicher Auslese« getrieben worden. Die Starken leben und die Schwachen sterben, und eben darum sind die Bernstein und Fischbein, die Melzer und Holländer kräftige Leute. Sie wohnen jetzt in Melbourne und Venezuela, in Tel Aviv und New York, in London oder Paris und schlagen sich recht und schlecht durch. Die Geschäfte gehen wie eh und je. Wir haben wahrscheinlich nur vierundachtzig Onkel, Tanten, Cousins und Cousinen im letzten Krieg verloren. Mehr nicht.

Schule für Politik

Neun Monate drückte ich mich in Schulen und Schlössern in Den Haag und Umgebung herum, sodann teilte man uns unter gute Menschen auf. Am 2. November 1939, zwei Monate nach Kriegsausbruch, hielt der von einer gütigen Dame des Komitees für jüdische Flüchtlinge gesteuerte alte Austin mit mir auf dem Notsitz vor einem Haus mit Garten in einer ruhigen Straße einer unweit von Amsterdam gelegenen kleinen Stadt. Eine Mevrouw Van Raalte übergab mich lächelnd einer Mevrouw Van Son. Es war später Vormittag, Zeit zum Kaffeetrinken. Das Dienstmädchen war beim Hausputz. Mevrouw Van Son hatte fünf eigene Kinder, der Älteste war fünfundzwanzig und bereits außer Haus, die jüngste war acht. Eine Tochter war in meinem Alter (»Mit ihr darfst du spielen«, und so weiter. Als ich das einige Wochen später tun wollte, gab es Krach). Eine andere Tochter war einundzwanzig. Mit Jaap, dem achtzehnjährigen Sohn, teilte ich die Dachkammer. Mein neues Heim hatte eine gefüllte Speisekammer, ein Klavier, einen Schreibtisch, acht Zimmer, ein Badezimmer mit fließendem Warm- und Kaltwasser. Neben unserem Zimmer, unter dem Dach, lagerten Winteräpfel, anscheinend tonnenweise. Mein neues Heim gefiel mir. Es war zentralgeheizt. Einen Meneer Van Son gab es nicht. Der war zwei Jahre zuvor cellospielend gestorben. Er war Übersetzer gewesen, »ein Künstler«, das schwarze Schaf in einer Familie wohlhabender Tintenfabrikanten. Mevrouw Van Son verstand sich auf gar nichts, war aber sehr darauf bedacht, ihre Rolle in der Gemeinde der Wohltätigen zu spielen. Geld hatte sie keines, was aber nicht das gleiche war wie bei uns daheim. Es bedeutete, daß ihr Vater, ein Tabakimporteur, aushalf und sie von ihren Aktien und Wertpapieren verkaufen mußte. Als Sozialist verabscheute ich die Bourgeoisie, als Individualist war es mir unangenehm, mein Zimmer mit jemandem teilen zu müssen, als Zionist hoffte ich, daß diese Episode nicht zu lange dauern würde, als Ausländer verstand ich zwar die Sprache, aber nicht den Humor; daß mich nach der Schule ein warmes Zimmer und ein voller Teller erwarteten, gefiel mir. Die Familie war musikalisch, jeder spielte ein Instrument. Auf den Regalen drängten sich Bücher in vielen Sprachen. Zum ersten Mal in meinem Leben hörte ich Bach. Zu Sinterklaas (dem holländischen Weihnachten) bekam ich neue Sachen. Unentwegt sagte ich »Vielen Dank«.

Der Winter, mit Besuchen bei Verwandten und im Kino, war trotzdem sehr lang. Eine Art verlängerter Schlaf, ehe der wirkliche Krieg begann. In diesem Winter las ich Hesses *Der Steppenwolf* und *Demian,* ungreifbare, mystische Botschaften aus einem Land, das auf keiner Karte zu finden war. Ich lebte selbst in solch einem Land. Ich konnte mit niemandem sprechen, mich niemandem anvertrauen. Worüber wir redeten? Über unterschiedliche Schokoladensorten, über Zigaretten, über einen Film, den man gesehen hatte. In meinen Augen banales, stumpfsinniges Geschwätz. Nicht ernst zu nehmen. In Wien pflegten wir uns beim geringsten Anlaß über Gott und die Welt und über die letztendliche Bestimmung des Menschen zu unterhalten. Ist der Mensch zu einem bestimmten Zweck geboren oder nicht? Das wollte ich wissen, und nicht, ob er einen Chevrolet fährt oder einen Austin. Ist das Leben des Menschen ein Zufall, so wie mein Dasein in Bussum, in der Parklaan Nummer 10, oder liegt ein »tieferer Sinn« dahinter? Da ich von niemandem Antwort auf meine Fragen erwarten durfte, begann ich eine imaginäre Korrespondenz mit einem imaginären Freund. Ich schrieb: Wenn alles einen tieferen Sinn hat, muß auch tieferer Sinn einen tieferen Sinn haben. Richtig? Er erwiderte postwendend: ja und nein. Tieferen Sinn hat nur, was tieferen Sinn braucht. Der tiefere Sinn selbst braucht keinen, und die Antwort lautet daher: falsch.

Dieses Spiel machte mir ebensoviel Spaß wie früher Fußball. Die Freunde, mit denen ich hinter dem Ball herjagte, waren die gleichen, die bei Tag und bei Nacht bereit waren, philosophische Fragen zu beantworten. Ich schrieb: Gesetzt, ein tieferer Sinn ist wirklich nicht notwendig, warum kommt man dann auf den Gedanken, er sei es doch? Gewiß bedarf das Bewußtsein nur dessen, was es hervorbringt, und bringt nur hervor, wessen es bedarf.

Er erwiderte: Gratuliere. Du hast es entdeckt.

Das Rätsel des tieferen Sinnes wurde nicht gelöst, und auch heute weiß ich nicht, was »tieferer Sinn« eigentlich bedeutet.

Es folgte ein lauter, turbulenter Winter, 1939 auf 1940. Man sammelte Geld zugunsten der heldenhaften Finnen, die auf Skiern gegen die russischen Eindringlinge kämpften. An der Westfront blieb alles still. Pressefotos zeigten deutsche und französische Soldaten von Graben zu Graben Weihnachtsgeschenke tauschen. Deutsche? Vielleicht war Hitler (abgesehen von seinem Judenhaß) gar kein so schlechter Mensch? Streckte nicht sogar Molotow den Arm aus, als wolle er HEIL HITLER grüßen? Und wenn die Kommunisten, diese Erzfeinde der Nazis, ihnen die Hand geben, muß Hitler doch wohl Konzessionen gemacht haben. Noch durften Juden mit der Bahn und dem Flugzeug aus Deutschland und Österreich ausreisen; sogar meine Eltern hatten sich nach Palästina eingeschifft, per Donaudampfer via Bratislava. Mir fehlte nur noch ein *Zertifikat,* das englische Einreisevisum für Palästina; eines für mich und zwei für meine Schwestern, dann würden wir bald genug alle wieder beieinander sein.

Auch Hitler ist ein Mensch, hieß es. Wir klapperten mit unseren Sammelbüchsen einen jüdischen Haushalt nach dem anderen ab, verkauften Bäume in Wäldern mit hebräischen Namen an jeden, der beim Aufbau der »Heimat« helfen wollte, und die zionistischen Flüchtlinge gaben sich dabei etwas mehr Mühe als die holländischen Zionisten. Heimat war nicht nur ein Land, wo Trumpeldor fiel und Chaluz-Pioniere eine nie endende Hora tanzten – Heimat war, wo meine Eltern lebten oder in absehbarer Zeit leben würden. In diesem Winter schien nichts unmöglich. Alles konnte geschehen. Ein Telegramm mit dem Visum. Eine Postanweisung von wer weiß woher, mit dem Geld für die Fahrkarte. Ein Brief in der vertrauten Handschrift, beginnend mit den vertrauten Wendungen: »Meine lieben, meine sehr geliebten Kinder! Gott sei Dank«, und so weiter. Da jedes dieser Wunder für sich oder in beliebiger Kombination jederzeit eintreten konnte, hielt ich es in der Schule mühelos aus und gewöhnte mich an die Wutausbrüche der ältesten Tochter des Hauses, die mich vom ersten Augenblick an nicht hatte leiden können. Ich war bereit, Mevrouw Van S. ihre Kühle, ihren Hochmut und ihre gemachte Höflichkeit zu vergeben und zu vergessen, daß die Welt einem Flüchtlingskind etwas schuldig ist (was, habe ich nie herausbekommen). Ein Weltkrieg war im Gang, doch gekämpft wurde nur in Finnland, und Finnland ist weit weg.

Die echten, guten Antinazis haßten die Deutschen unvermindert weiter, so, als hätten nicht Ribbentrop und Molotow jenen Freundschaftspakt unterzeichnet (einen Teufelspakt nannte man ihn). Die Holländer verabscheuten die Moffen, Nazis oder Nichtnazis, deshalb liebte ich Holland. Jeder Holländer stand auf seiten der Juden. Holland war ein gutes, ein freundliches, ein reiches Land. Immer gab es Geld für Kinokarten und Eiswaffeln, und man durfte sagen, was man wollte. Louis Polak, der »Vater« meiner Schwester, ein linksliberaler, anscheinend wohlhabender Zionist, nahm uns mit zu einer Aufführung des *Wizard of Oz*, mit Judy Garland. Eine friedliche, beinahe perfekte Welt wird durch ein technisches Ungeheuer in wilde Verwirrung gestürzt. Das Ungeheuer droht und blufft, verbreitet Schrecken und Entsetzen, muß aber endlich vor Unschuld und List kapitulieren. Sogar Himmler ist ein Mensch, hieß es. Die friedliche, stille Welt des »Schöner Wohnens« war möglicherweise die Lösung aller Probleme dieses Universums. Universum. Schon das

Wort machte mich heiß. Ein metaphysischer Grog. Was ist das Universum? Wer hat es erschaffen? Wie ist es zustande gekommen? Und wieder schrieb ich meinem Brieffreund: Dringend. Erbitte postwendend Erklärung der Struktur des Universums. P.S.: Sollte es einen Gott geben, bitte mich darüber zu informieren.

Die Antwort lautete: Das Universum ist ein primitives Gebäude. Es besteht aus winzigen Teilen, die man Moleküle und Atome nennt. Die höchste Lebensform ist Nichtsein oder Nochnichtsein. Beides kommt aufs gleiche heraus. Menschlicher Unternehmungsgeist verwandelt die Erde allmählich in eine Steinwüste. Ohne das Eingreifen des Menschen hätten wir diesen Zustand bereits früher erreicht. Das ist alles. Vom Standpunkt des Universums betrachtet, ist menschliches Leben ein Abfallprodukt. Arbeit – meist als Fortschritt bezeichnet – nenne ich ganz und gar nutzlos. Alle Menschen sollten freiwillig und auf der Stelle mit dem Essen, dem Arbeiten, dem Vernichten und dem Singen aufhören. Bringen wir das aber nicht fertig, sollten wir weitermachen wie bisher, nur dreitausendmal schneller, bis die gesamte Erdoberfläche mit Beton bedeckt ist. Kolonien von Elektronenrechnern (hier regte mich Werfels *Stern der Ungeborenen* an) werden bald die Macht ergreifen. Es wird Krieg und Katastrophen geben. Die Erdoberfläche wird bald unbewohnbar sein (Werfel, dieser jüdisch-katholische Wiener, ist ein Prophet). P.S. auf dein P.S. Gott? Gott ist mein Dackel Laura oder alles, was du so nennen willst.

Ich wollte diese Mitteilung nicht zu ernst nehmen, telegrafierte also zurück: Erkläre dich deutlicher, um Himmels willen.

Und dies war seine Antwort: Alles hat einen Anfang, eine Mitte und ein Ende. Allerdings erkennen wir nicht immer, in welcher Phase wir uns gerade befinden. Wir nehmen an, daß es eine Art Urschleim gegeben hat (schlag es in deinem Physiklehrbuch nach). Ich allerdings nehme an, daß der Schleim bereits die zweite Phase ist und wir das Ende sind.

Nicht der Tod ist das Ende, sondern dieses Leben. Am Anfang aller Dinge mag es ein menschliches (ein wirklich menschliches) Hirn gegeben haben, von der Größe unserer Erdkugel, das nach und nach einschrumpfte und dabei jenen Schleim absonderte, aus dem gewöhnliche Sterbliche wurden. Wir sind die Endphase. Das Hirn ist ein Wucherpilz, der sich von seinem eigenen Ausmaß keine Vorstellung machen kann. Und weil er sich der totalen Beobachtung entzieht, ist er unsichtbar. Was wir von ihm bemerken, sind die Lücken, die er ausgefüllt hat. Was wir sehen, ist die Unterschiedlichkeit von organischer und anorganischer Materie. Der Geist verbirgt sich hinter und in allem, weil er sich nicht zeigen will. Spinoza (ich habe ihn eben gelesen) ist ein alter Jude. Er spricht vom Geist Gottes – Ruach Elohim –, der alles bewegt. Dieser Geist (und ich glaube, Spinoza glaubt, dieser sei gleich Gott) manifestiert sich in allem und überall. Das Unvorstellbare muß außerhalb unser vorhanden sein. Darin besteht sein Pantheismus. Für Spinoza trägt Gott keinen langen weißen Bart; wie mag sein Großvater ausgesehen haben? Wie eine Ameise? Wie ein Baum? Wie eine Brise auf den Seen in der Umgebung von Leiden? Kein Wunder, daß man ihn aus der Synagoge hinauswarf. Ich liebe ihn aber. Seine Logik ist geschliffen wie seine optischen Gläser.

Ganz in diese Neuigkeit vertieft, fiel es mir schwer, weiterzuleben, als sei nichts geschehen, und ich bemerkte darum kaum den Einmarsch der Deutschen am 10. Mai 1940, obwohl ich eine merkwürdige Vorahnung hatte. Vielleicht habe ich diesen Einmarsch gar selbst verursacht, durch einen Akt reiner Magie.

Er versprach mir zwei Päckchen Wings, falls es mir gelingen würde. Zigaretten kosteten 25 Cent das Päckchen. Mein Taschengeld betrug 10 Cent die Woche. Für zwei Päckchen Zigaretten war ich zu jedem Versuch bereit. Ich hatte es früher schon probiert, aber aufgehört, als es zu schmerzen begann. Für zwei Päckchen Wings allerdings konnte man schon einige Schmerzen auf sich nehmen, noch dazu, wenn sie nicht ganz und gar unangenehm waren.

Jaap lag in seinem Bett und erteilte Anweisungen: Stell dir Fockie (das Dienstmädchen) vor, wie sie die Teppiche bürstet. Siehst du ihre Schenkel, ihren Hintern? Schau höher hinauf, höher. Na? Wie geht es? Er hopste unter der Bettdecke herum wie ein Hund, der eben aus dem Wasser kommt. Los doch, mach schon!

Ich kam nicht gut voran. Es tat wieder weh, und sein Gerede ärgerte mich. Ich kann nicht, tut mir leid, sagte ich. Vielleicht ein anderes Mal.

Schön, sagte mein Lehrer, eine Chance gebe ich dir noch. Stell dir alles das vor, wovon ich dir erzählt habe, und auch das andere, worüber wir neulich gesprochen haben. (Er hatte mir eingehend beschrieben, wie er ein Mädchen auf der Heide fickte.)

Also gut, sagte ich. Ich mache noch einen Versuch. Es geht vielleicht schneller, als du denkst.

»Ich halte die Wette«, sagte Jaap, »aber versuch nicht, mich auf den Arm zu nehmen. Ich glaube dir erst, wenn ich den Beweis sehe.«

Was für einen Beweis? Anfassen ließ ich mich nicht von ihm.

Was meinte er also mit Beweis, zum Teufel?

»Du weißt schon.«

Er sah mich vom Spiegel her an, vor dem er sich wie üblich ein halbes Pfund Brillantine ins Haar schmierte.

»Ich sagte, du mußt es beweisen. Mach es in ein Taschentuch und zeig es mir. Nimmst du diese Bedingung an?«

Bessere Bedingungen konnte ich kaum erwarten. Am gleichen Abend dachte ich an die Zigaretten (er bewahrte immer so gegen zwanzig Päckchen in seiner verschlossenen Schublade auf) und das Schamhaar meiner Jugendleiterin Adda Polak, das ich mal gesehen hatte, als ich vor ihr im Gras lag. Das Bild verschwamm. Es war beinahe ein Jahr alt. Ich war jedoch entschlossen, mich nicht auslachen zu lassen und Wette samt Zigaretten zu gewinnen. Angeblich hatte es die schlimmsten Folgen. Blindheit; Wahnsinn; Zahnausfall. Aber jene, die mit diesen Übeln drohten, hatten mich nie als besonders klug beeindruckt. Dann werde ich eben blind. Ich schloß die Augen. Jetzt bin ich auf immer blind und brauche niemandem zu sagen, was ich sehe. Vor meinen geschlossenen Augen verwandelte sich Addas Haar in das Haar meiner Schwester (das ich einmal gesehen hatte, als sie im breiten Familienbett über mich hinwegstieg). Mir fielen die Murmeln in Erika Kindls Schlitz ein und die weichen Schenkel meiner jüngeren Schwester (ich war acht, sie sechs). Im Blitzlicht sah ich halb ausgezogene Leute knien und liegen, die ein Mann mir und meinem Freund auf dem Heimweg von der Schule zeigte, und roch das schwere Rosenparfüm der Fotos.

Unterdessen kam ich der Wirklichkeit immer näher, sah, was ich am gleichen Vormittag gesehen hatte – Fockie am Fenster, Teppiche ausschüttelnd, ihre kurzen strammen Beine, die schweren weißen Schenkel. Das alles war ekelhaft, obszön, verboten – zwei Päckchen Wings morgen früh. Und Fockies, nicht meine Hand, bearbeitete mich heftig, tat mir weh, zweckgerichtet sozusagen. Hatte Philip, Jaaps ältester Bruder, nicht, wie Jaap erzählte, in New York zugesehen, wie zwei Frauen einen Mann masturbierten? Und Philip sah trotzdem kräftig und gesund aus, und natürlich war er es selbst gewesen, dem das geschehen war. Wieder und wieder Fockie mit gespreizten Beinen vor mir. Lange warten ging nicht mehr. Erschöpft aber glücklich über den Erfolg schlief ich ein, den Beweis meiner Mannheit sorgsam unter dem Kopfkissen gefaltet.

Tags darauf wurde die Morgenmusik beim Frühstück vom Nachrichtensprecher unterbrochen. »Deutsche Truppen sind nach Holland eingefallen. In den östlichen Provinzen toben heftige Kämpfe. Fallschirmjäger sind abgesprungen. Die Königin ersucht ihr Volk, Ruhe zu bewahren.«

Nun, da hatte ich es. Nicht Blindheit, nicht Wahnsinn, auch kein Zahnausfall, sondern viel Schlimmeres. Hinter geschlossenen Lidern eine Vision vom Paradies. Zwei Schritte weiter, und man ist vorm Eingang zur Hölle. Versucht man, sich für Sekunden im Nichtsein aufzulösen, fällt die Wirklichkeit mit wahnsinnigem Geheul über einen her. Sexueller Genuß ist das Vorspiel der Agonie. Während ich in diesem fremdartigen, neuen, wunderbaren Erlebnis schwebte, drang der Krieg in meine Sexualphantasien ein und trampelte mit der Nachricht von gelandeten Fallschirmjägern auf mir herum. So plötzlich von außerweltlichen Kräften überwältigt, schrie ich (für gewöhnlich war es bei Tisch nicht einmal erlaubt, laut zu sprechen): »Los! Auf zum Hafen! Nach England! Sofort!«

Mevrouw Van Son wie ihre Nachbarn und die übrige Bevölkerung hörten lieber auf die Königin als auf meinen Rat. »Wir haben keine Visa, keine gültigen Pässe, kein Bankkonto und keine Wohnung in England; übrigens ist nichts so schlimm, wie die Zeitungen es darstellen. Es wird schon alles gutgehen.«

Die Flüchtlinge wußten bereits, was die Holländer noch lernen mußten: Jeder Tag wird Gerichtstag sein. Jeden Tag und jede Stunde wird man sich fürchten müssen, das zu sein, als was man geboren wurde.

Nun ging es los. Die Deutschen verwandelten ein fettes, schläfriges Land in den Schauplatz wunderbarer, aufregender Abenteuer. Sie erließen alle möglichen Anordnungen; leider waren sie auf mich nicht anwendbar. Auf mich nicht. Für den Luftschutz war ich noch nicht alt genug, und es war mir deshalb egal, ob man Juden dort zuließ oder nicht. Eine Remobilisierung des Heeres zwecks Abtransports der Soldaten in Gefangenenlager? Meinetwegen mochten sie auch die Marine und die Luftwaffe wieder einberufen, mir war das gleich. Jeder für sich, Gott für uns alle. Von nun an hatte ich mich um mich selbst zu kümmern. Wunderbar. Nur die Deutschen im Land, die störten mich. Schlecht sind sie nicht, sagten die Leute. Sie sind wie alle Besatzungstruppen. Lästig. Feinde. Es hätte schlimmer sein können.

Noch schlimmer, Mevrouw Van Bloem?

Oh doch, Meneer Van Hoven. Ich wiederhole, es hätte schlimmer kommen können. Übel sind sie nicht. Der Krieg macht ihnen keinen Spaß. Sehen Sie sie sich doch an. Es sind nette Jungens, diese Deutschen. Ihren Hitler hasse ich natürlich auch. Aber was können sie dafür? Soldaten sind Soldaten.

Recht haben Sie, Mevrouw Van Bloem. Der Neffe vom Schwager meiner Schwester hat einen deutschen Offizier als Einquartierung gehabt. Jetzt ist er schon wieder weg, irgendwohin versetzt. Und das war ein netter Mensch, niemand hätte ihn für einen deutschen Offizier gehalten. Sie sind nicht alle Teufel, auch unter ihnen gibt es Menschen, Meneer Van Hoven.

Gerade dies war es, was mich bedrückte. Ich konnte keinem sagen: Eben weil sie menschlich sind, habe ich Angst. Keiner hätte es verstanden. Anderen mögen sie als Menschen erscheinen, aber dem Gift im Volkskörper, dem verbrecherischen Abschaum, der ausgerottet, den Schlangen, die zertreten werden müssen, werden sie sich nicht lange als Menschen zeigen, das war vorauszusehen.

Lassen Sie ihn nur reden, Mevrouw Cohen, lassen Sie ihn reden. Wußten Sie übrigens, daß Hitler eine jüdische Großmutter hat?

Großmutter oder Urgroßmutter?

Ich weiß es nicht genau, aber ein Verwandter von mir, der es wissen müßte, sagte mir, Hitler selbst ist nicht koscher. Auch Heydrich nicht, und sehen Sie sich doch mal den Himmler an! Sollte mich nicht wundern, wenn der eigentlich Himmelfarb heißt. Aus Henschel Himmelfarb wird Heinrich Himmler. Nein?

Keine Witze, Mevrouw Aerdewerk, bitte keine Witze. Eines Tages holen sie uns alle ab.

Oh Mevrouw Cohen, Sie sind so pessimistisch. Was soll schon geschehen? Sie werden uns nicht gleich umbringen.

Das habe ich auch nicht gesagt, Mevrouw Aerdewerk. Ich

habe nicht gesagt, sie werden uns umbringen. Aber eine Sommerfrische wird es auch nicht sein.

Welcher Krieg ist schon eine Sommerfrische?

Krieg und keine Schulferien? Die Schule geht einfach weiter, als sei nichts geschehen. Wann wird man endlich aufhören, uns das Rechnen beizubringen? (Wer braucht jetzt Algebra?)

Erst nach Jugoslawien hörte der Unterricht endgültig auf. Ich aber war schon gleich nach dem Einmarsch in Holland ungeduldig. Ich wollte kein Risiko in dieser Beziehung; man hätte ja auch beschließen können, jüdische Kinder auf ewig in die Schule gehen zu lassen. Und wenn dumme jüdische Schulkinder unbedingt zur Schule gehen wollen, können sie das auch ohne Fahrräder. Ein Jude zu Rad verursachte jedem rechtgläubigen Deutschen und jedem holländischen Nazi Übelkeit. Ich ging zu Fuß. Dritte Querstraße links, bis zur nächsten Kreuzung. Eine schöne, offene Schule nach Montessori. Arbeit nach Belieben und jede Menge Spaß. Allerdings nicht nur Spaß. Französisch ist eine schwere Sprache. De Ruyters Seeschlachten und die Kriege Willems II. sind weder aufregend, noch haben sie etwas mit den Tagesereignissen zu tun. Die Geusen besiegten die Spanier – die Juden wanderten auf die Scheiterhaufen und verloren. Juden kämpfen nicht. Juden verstecken sich, versuchen zu fliehen. Nur in Palästina stopfen sie sich die Eingeweide in den Bauch zurück, wenn sie ihnen von arabischen Scharfschützen herausgeschossen werden. Vernichtet sie, vernichtet die Feinde der Juden! Mit Handgranaten und Maschinengewehren. Keiner soll glauben, er kann uns nach Lust und Laune umbringen. »Sei stark und mutig, Chaver«, war der Gruß der Pioniere. Unser »Heil Hitler«. Palästina. Land der Väter. (Welcher Väter? Wer weiß?) Das Land der Juden ist unser Land. Ich bin ein Chaluz, ein Pionier, ein Trumpeldor. Ich will bis zum bitteren Ende kämpfen. Von Bussum und Fockie mußte ich Abschied nehmen, mit Algebra und drei warmen Mahlzeiten täglich war es vorbei. Lebwohl, Frieden, es ist Krieg.

Nach Zion tragen wir die Fahne,
Die Fahne aus dem Lager Davids,
Zu Fuß und zu Pferde kehren wir zurück,
Ins Land unserer Väter,
In das geliebte Land,
Ins Land unserer Jugend.

So hieß es in unserem Lied. Zurück nach Wien wollte ich auf keinen Fall, ich wollte nur in mein geliebtes Land heimkehren, in eine Kindheit des Jungschen Unterbewußtseins.

Ich ahnte nicht, daß die Arbeit auf der »Jugendfarm«, einer Gartenbauschule in der Käse-Kleinstadt Gouda, nicht unbedingt zur Erlangung des *Zertifikats* für Palästina führen würde. (Man wird die Zionisten gegen Palästinadeutsche austauschen, Meneer Cohen, vielleicht.) Falls nicht, konnte ich mich immer noch mit Onanie unter der Dusche trösten.

Ausgerüstet mit Reitstiefeln, hohen schwarzen Reitstiefeln, wie die SS sie trug, Reitstiefeln aus weichem Kalbsleder, versehentlich gekauft von Louis Polak (ich hatte Stiefel für die Gartenarbeit gewollt), ausgestattet mit Jacken, Pullovern, Hemden, wollenen Socken und drei roten Taschentüchern, meldete ich mich Anfang 1941 kampfbereit. Schlipse standen nicht auf der Inventarliste; der Sozialist läßt sich lieber mit einem Strick am Hals henken als mit einem Schlips erwischen. In Bussum hatte ich das Zimmer mit einem achtzehnjährigen Masturbanten geteilt, der sich offen zu seinem Laster bekannte. In Gouda schliefen wir zu zwanzig zwischen Tomaten und Bohnen. Über den Kartoffelacker am Ende der Farm kamen wir nicht hinaus; die einzige Form der Fortbewegung war ein stummes, unsozialistisches, eigensüchtiges, unzionistisches, kollektives Onanieren.

Die Frommen hatten die Leitung. Zum Beten zwingen konnten sie einen nicht, aber sie konnten uns zwingen, anwesend zu sein. Juden treten dem Allmächtigen nur ungern gegenüber, wenn sie nicht wenigstens zehn sind. Und wenn es den zehn mißfiel, daß die anderen sich im Bett amüsierten, während sie selbst vor Gott standen, mit Tfillim genannten Lederriemen und kleinen schwarzen Kästchen (die irgendwie anders hießen), dann mußten gefälligst auch alle anderen aus den Betten, mußten Laken und Hemdzipfel einstecken und auf dem Hof zum Appell antreten, wo eine blau-weiße Fahne gehißt wurde. Was für ein Witz. Es hörte auch bald auf. Appell um sieben, Morgengebete eine Viertelstunde danach, Frühstück zwanzig Minuten später, und dann ausschwärmen in Tomaten, Gurken, Pilze und Äpfel, um Pflanzen und Pflücken für »später« in der Heimat zu lernen.

Samstags ausgedehnte Gebete. An der Spitze die Frommen, die anderen folgen. Mein Vorgeschmack von Israel. Meine Juden glaubten, sie schuldeten Gott fromme Worte und seien gezwungen, jetzt und in alle Ewigkeit über Joseph im Kerker und Jonas im Walfisch zu lesen. Sie lasen heilige Sätze und Wörter von einer Pergamentrolle, Thora genannt. Ich selbst hielt nichts für heiliger als ein Ehrenwort oder ein Versprechen unter Freunden. Ich verabscheute die Orthodoxen, wie schon mein Vater sie verabscheut hatte.

Gott ist in jeder Tomate, sagt Spinoza. In unseren vier oder fünf Treibhäusern hatten wir sie reihenweise. Warum sich um sieben Uhr früh Gottes wegen den Kopf zerbrechen? Und Witze durfte man auch nicht darüber machen ... Warum ließen wir den Frommen das durchgehen? Weil diese verfluchten Orthodoxen es verstehen, jedem einzureden, daß nur sie gut, gerecht und anständig sind, weil sie mit Gott sind. Wir aber sind Verräter und gottlose Heiden. Eingebildete Lumpen! Zwischen Deutschen und orthodoxen Juden, zwischen Intoleranz und engstirniger Rassenidiotie war schwer zu wählen. Wer Gott nichts zu sagen hat, den soll man um Gottes willen in Frieden onanieren lassen!

In der Synagoge Schüttaustraße, dem Bethaus der Juden vom Goethehof, hatte ich Gott (der wie der alte Herr Stock aussah) seines wohlwollenden Lächelns wegen ein Weilchen geliebt, IHN aber kurz darauf geärgert, indem ich nur so tat, als würde ich beten, während ich in Wirklichkeit Fut, Ficken und Schwanz dachte und flüsterte. Und da ER mich nicht mit einem Kinnhaken zum Fenster der Betstube hinausbeförderte, liebte ich IHN, wie man einen Lehrer liebt, der viel herumbrüllt, aber keine Autorität hat. Jetzt war Gott ein Halbdutzend Teenager, die sämtliche Gebete auswendig konnten und sich vor der Pergamentrolle wanden wie Epileptiker; ich verabscheute die Geisteskrankheit, die sie in Zuckungen versetzte, die Worte, die sie hervorstießen, die Gesetze, die sie predigten. Du sollst nicht dies, du sollst nicht das! Gott, der Hitler nach Österreich gelassen hatte, nach Holland und überallhin, wohin er wollte, hatte offensichtlich keine Macht, die Einhaltung seiner Gesetze zu erzwingen. Die Namen seiner *Aficionados* sind nicht vergessen. Hermann Frenkel, Norbert Stern, Chaim Friedmann, Berry Asscher und so fort. Ich kenne sie alle. Ich mochte keinen.

Die kleine Gruppe in Gouda (mehr als fünfzig beiderlei Geschlechtes waren wir nie) war eine Mischung aus Orthodoxen, Halb-Orthodoxen und Atheisten, die aus guten, aus weniger guten Familien und aus aller Herren Länder stammten. Unter lauter Juden fragte man nicht, wer ist Jude? Sondern: Wer ist Pole, Holländer, Deutscher, Österreicher? Als Österreicher neckten mich die Deutschen meiner Sprache wegen. Bei den Orthodoxen war ich Jude, also Verräter an der Religion, und da ich lieber Hesse und Thomas Mann las, statt Bohnen zu pflücken, haßte man mich als sogenannten Intellektuellen. Meine Herkunft half mir wenig. Arme Wiener Juden polnischer Abstammung wurden verächtlich »Galizianer« genannt. Ich fühlte mich in Gouda nicht recht wohl, wußte aber nicht, wohin. Zurück nach Bussum ging es nicht, und vorwärts nach Palästina schon gar nicht. Fern von den Fleischtöpfen Ägyptens und weit vom Gelobten Land.

In dieser Wüste hoffte ich auf ein Wunder, und ein Wunder geschah. Die Deutschen vollbrachten es. Im Sommer 1941 mußten wir den gelben Stern an Jacken und Pullover heften. Das Wort Jude stand schwarz auf gelbem Grunde inmitten eines Sextanten. Ein echter Pionier hat sich nicht damit geschämt. Der Davidstern war seit je unser Hakenkreuz, Holländischer Löwe, Hammer und Sichel gewesen. Ein Stern der Aufklärung, er verkündete deutlich: »Ich bin Jude.« Die Deutschen hätten gar zu gern gewußt, wie Menschen aussehen, die man wie Ungeziefer zertreten soll, sie wollten die Ursache ihres Unglücks »sehen« wie Siegfried den Drachen.

Auf den gelben Stern folgte die Umsiedlung in zwei oder drei größere Städte.

Neun Monate bevor alle die Farm verließen und nach Amsterdam umzogen, ging ich weg. Ich war frei. Endlich. Frei und ledig in Hilversum. Untergebracht bei einer Familie De Haan, wo ich das Bett mit zwei anderen Jungen teilen mußte. Die reichen Juden waren jetzt nicht mehr erpicht darauf, arme Flüchtlingskinder ins Haus zu nehmen; das Flüchtlingskomitee zahlte bedürftigen Familien, die Kinder aufnahmen, etwas zu deren Unterhalt, und wer an Margarine und Brot zu sparen verstand, konnte an uns sogar ein bißchen verdienen. De Haans hatten zwei oder drei von uns, und wir hatten ständig Hunger. Auf den ersten Geschmack der Unabhängigkeit in Hilversum folgte eine glücklichere Phase dieser Freiheit in einer ruhigen Familie mit Tochter in meinem Alter nahe dem Tropenmuseum in Amsterdam. Ich war fünfzehn, brauchte nicht in die Schule, hatte keine Arbeit. Ich stand auf der Liste derer, die man jederzeit zur Arbeit nach Deutschland abholen konnte.

Auf unserer stets mitzuführenden Kennkarte stand ein großes schwarzes J, ein Haken, an dem alle hängenblieben, die sich weigerten, den gelben Stern zu tragen. Zu Ladengeschäften, Straßenbahnen und Kinos war uns der Zutritt verwehrt. Man beraubte die Tiere im Zoo des Anblicks jüdischer Familien. Das gegenüberliegende jüdische Theater wurde zur Sammelstelle. Wer nicht durch besondere Bescheinigungen nachweisen konnte, daß er sein Leben der deutschen Kriegsanstrengung widmete, wurde im Theater eingesperrt und nach Westerbork geschickt, der nächsten Station auf dem Weg ins Nirwana. Der Jodenraad »schätzte« jeden, der einleuchtend »begründen« konnte, warum ausgerechnet ihm gestattet sein sollte, noch ein bißchen zu warten. Diamantenschleifer, Textilarbeiter und Landarbeiter sowie die engere und weitere Verwandtschaft der Bosse des Jodenraad waren »bis auf weiteres zurückgestellt«. Einen wirkungsvolleren Zauber gab es nicht. Wer nach der Verhaftung diesen Stempel vorweist, wird entlassen, darf heimgehen und »bis auf weiteres« warten. Eine Zeitfrage. Früher oder später werden sie allesamt fortmüssen, doch geht man lieber nächste Woche als heute. Dank meines landwirtschaftlichen Rüstungsbeitrags war ich durch schwarze Stempeltinte geschützt. »Bis auf weiteres« schützte einen allerdings nicht vor Hunger. Totale Nahrungsmittelbewirtschaftung hieß, täglich zwei bis drei Scheiben Brot, wöchentlich ein Viertelpfund Fleisch. Mich hungerte nach Brot, nach Zigaretten (keine Raucherkarte unter sechzehn) und nach Liebe. Nichts davon war erreichbar, und eines Tages ereignete sich etwas Sonderbares, Schreckliches, Unerträgliches.

Ich fing an, die Juden zu hassen. Nicht nur die Orthodoxen, sondern alle. Ich haßte ihre Namen, ihre Gesichter, ihre Art zu reden, ihren Humor, ihren nervösen Eifer. Sie waren durch und durch verrottet, man mußte sich von ihnen befreien. Nicht, weil es die Deutschen sagten, sondern die Deutschen sagten es, weil es so ist. Die Orthodoxen waren unduldsames, heuchlerisches Gesindel, die Assimilierten ein bigottes, geldgieriges Kleinbürgerpack, die Reichen waren Lichtjahre entfernt von mir, die Intellektuellen verabscheute ich, da ich vermutlich selbst einer war, aber nichts mit ihnen gemein haben wollte. Und die Zionisten? Nach Gouda schien mir das Pionierwesen ein kollektives Onanieren in schlecht möblierten Dachkammern. Die deutschen Juden widerten mich an, weil sie Deutsche waren, die Holländer, die uns haßten, haßte ich wieder, und die Ausländer, meist polnischer oder ungarischer Abkunft, waren ein Sumpf voll gefillte Fisch, schlau und gerissen und arrogant, wie nur Polen und Ungarn sind.

Die Wiener waren so gut wie nicht vorhanden. Sie betrieben Kaffeehäuser und Kabaretts. Mittelmenschen – weder große Chochems noch kleine Narren. Ich würde keinen missen, ausgenommen meine Schwester, ihre Pflegeeltern und meine Pflegeschwester Esther, Fritz Sofer, den Freund, der 1938 mit mir im Zug von Wien gekommen war, und einen weiteren Freund, Heinz Mühlrad. Es gab daneben vielleicht noch zwei oder drei Gerechte, die ich gern in der Stadt gehalten hätte – die übrigen mochten gehen. Ich haßte die Juden, weil ich den Anblick des Todes nicht ertrug. Jeder einzelne war deutlich zum Sterben bestimmt. Mit solchen Menschen wollte ich nichts zu tun haben. Schadenfroh und mit einem gewissen Vergnügen sah ich zu, wie sie auf Lastwagen kletterten, Pakete hinter sich herzerrten, die schreienden Kinder und die invaliden alten Eltern mitnahmen, die Kranken und die Sterbenden aus Krankenhausbetten auf Tragbahren legten, wie sie die Waisen mitnahmen, die ohnehin wenig vom Leben zu erwarten haben, und wie sie auch einige Reiche und Mächtige mit sich nahmen, um zu beweisen, daß dieses *Judenvernichtung* genannte Programm nicht von kapitalistischem Klassenbewußtsein bestimmt war.

Lange nach dem Krieg treffen sich zwei Österreicher zwischen Linz und Wien in der Eisenbahn.

»Hitler«, sagt der eine, »hat alles verkehrt gemacht.«

»Stimmt«, sagt der andere. »Die Armen hat er vergast, aber die Reichen hat er laufengelassen.«

»Richtig«, sagt der erste, »Hitler taugte nichts. Umgekehrt wäre es anständiger gewesen.«

Noch bevor sie Bescheinigungen zum Leben brauchten, damit sie nicht zum Sterben Schlange stehen mußten, brauchten sie Geld. 1938 und bis zum Kriegsausbruch, sogar noch bis Mitte 1940 hätte die Masse der Juden Deutschland und die von Deutschland besetzten Länder verlassen können, hätte es Geld für ihren Transport und ihre Ansiedlung in anderen Ländern gegeben. Dieses Geld gab es nicht. Statt dessen gibt es heute schon allzu viele Bücher über dieses Thema. Eines der besten ist *While Six Million Died* von Arthur D. Morse. Kein Grund zu wiederholen, was ohnehin jeder weiß. Schwarze dürfen (in der Südafrikanischen Union) von ihren weißen Mitbürgern wie Vieh behandelt werden, wenn sie den Preis für menschliche Gleichberechtigung nicht erlegen können. Verfolgung Andersrassiger ist eine Geldfrage: »Wenn kein Geld da ist, ist eben keins da.« – »Was soll man machen?« – »Unsere Schuld ist es nicht«, und so weiter. So redeten die Leute. Was sie sagen wollten, war: »Jetzt ist kein Geld da, weil ich keins verdient und für einen solchen Fall beiseite gelegt habe.« – »Meine Schuld ist es nicht«, bedeutete das genaue Gegenteil des Gesagten, nämlich: »Alles ist meine Schuld.« Ich aber, drittes Kind besserer Leute, brauchte mir solche Vorwürfe nicht zu machen. Es ist wirklich nicht meine Schuld, daß man sie deportiert. Hätte ich das Geld, ich gäbe es gern, da ich aber keines habe, trifft mich keine Schuld.

Mögen sie also sterben, aber alle. Es gibt nichts, womit man kämpfen kann, wofür man kämpfen kann. Wozu am Ende die Aufregung? Nur um wieder ein Geschäft aufzumachen und dann noch eines? Um Häuser zu kaufen und zu verkaufen und den Profit in Südfrankreich zu verjubeln? Was wollten die Juden denn nun eigentlich, zum Teufel? Leben? Leben, bloß um zu leben? Wie kann man leben wollen, da man doch zum Sterben geboren wird? Trotzdem gefiel es mir nicht, daß man eine Gruppe junger Sozialisten nach Mauthausen brachte. Und daß Josef Bahr, den ich von Gouda her kannte, verhaftet wurde, bedrückte mich. Josef, den ich vom ersten Augenblick an nicht ausstehen konnte, hatte in Gouda zu meinen schlimmsten Feinden gezählt. Jetzt wurde er zum Tod verurteilt. Besseres konnte er, verhaßt wie er und seine Partei dem Führer waren, zwar nicht erwarten, doch ein Todesurteil für bloße Hänselei, das war zuviel. Nicht dem Individuum galt mein Haß. Wie jeder gute Nazi haßte ich die Juden. Nicht den Juden. »Die Juden sind unser Unglück«, stand auf der ersten Seite des *Stürmers* in Großbuchstaben. Unser Unglück? Meines sind sie gewiß. Wenn ich dieses Unglück überleben will, muß ich lernen so zu fühlen wie die übrige Welt. Die übrige Welt haßt entweder die Juden, oder sie sind ihr gleichgültig. Wer die Juden liebt, leidet an unaufgeklärten Minderwertigkeitskomplexen. Gleichgültigkeit konnte ich mir nicht leisten. Ich mußte hassen, weil ich leben wollte. Ich ziehe vor, unter den Atmenden zu bleiben.

Auch ich wartete »auf weiteres«, doch was dieses Weitere auch sein mochte, das die Deutschen über mich beschließen würden, ich wollte mich nicht darum scheren. Ich konnte nicht schreiben: »Lieber Obersturmbannführer Rauter, liquidieren Sie bitte alle anderen, nur verschonen Sie mich und meine Freunde«, aber gehorchen wollte ich auf keinen Fall. Je mehr von den künftigen sechs Millionen abtransportiert wurden, desto lebendiger wurde es in der Stadt – wie in einem überfüllten Rattenkäfig. Man erregte sich, hatte die wunderbarsten Einfälle, doch weder das Geld noch die Mittel, sie zu verwirklichen. Man weinte häufiger und lachte lauter, und es ereignete sich, was nie zuvor denkbar gewesen war – Herkunft, Besitz und akademische Grade wurden täglich unwichtiger, politische und religiöse Meinungsverschiedenheiten wirkten nicht mehr trennend, und die Juden wurden ein Volk. »Ein Herz und eine Seele«, und später ein einziger Haufen verkohlter Körper. Eine Art voratomare Fusion fand statt, eine Konzentration individueller Zellen zur gleichgearteten Masse. Den Begriff »jüdisches Volk« hatte Herzl der deutschen Vorstellung vom Volk nachgebildet. Hitler einte die Deutschen und brachte es fertig, auch diese ewig zankenden Levantiner zu einen.

Als der Bescheid kam, schien er etwa so zu lauten: »Und nun, meine lieben Juden, da ihr gelernt habt, friedlich miteinander zu leben, sollt ihr versuchen, miteinander zu sterben. Eine verläßlichere Lösung des Judenproblems gibt es nicht.«

Es bedurfte des Genies eines Eichmann, zu einer Zeit die erforderlichen Waggons bereitzustellen, als alle Räder für den Sieg rollen sollten. An allen Bahnhöfen stand es in Großbuchstaben zu lesen: Räder rollen für den Sieg. Sie hatten es alle eilig. Manche, weil sie nach Polen mußten, andere, weil sie dringend falsche Papiere und zuverlässige Verstecke brauchten. Die Deutschen wollten die Sache so rasch wie möglich hinter sich bringen, um wieder Räder für den Sieg frei zu haben. Dem Rat der Königin folgend, bewahrten die meisten Holländer Ruhe, traten den Okkupanten »gefaßt und mit Würde« entgegen, und ganz allgemein ließe sich sagen, daß sie es weder eilig hatten, nach Dachau zu kommen, weil sie Juden versteckt hielten, noch wegen bewaffneten Widerstands in öffentlichen Anlagen erschossen zu werden. Ich liebte die holländischen Patrioten, die den Kampf aufnahmen, und haßte die Juden, die verhaftet wurden. Ich brauchte falsche Papiere, eine Adresse und Lebensmittelkarten und Geld, um diesen Luxus zu bezahlen. Ich brauchte Verbindung zu jenen, die solche Adressen und Papiere hatten. Das Geld würde ich vielleicht vom Onkel Louis Polak bekommen. Eine Kennkarte ohne J war zwischen dreihundert und fünfhundert Gulden wert. Für den, der sie hat, nicht viel, doch für einen Fünfzehnjährigen, der nichts besitzt als einige Pullover, Unterwäsche, Hemden, zwei große rote Schneuztücher und ein Paar schwarze Schaftstiefel, eine phantastische Summe. Auf dem Flohmarkt von Waterlooplein hätte mir keiner mehr als einhundert Gulden für meine gesamte Habe geboten. Eine Überlebenschance kostete mindestens zwei Hunderter mehr.

Die Ereignisse folgten einander rasch. Stalingrad war die erste Niederlage. Die Russen machten ihnen Beine, die Moffen verloren den Krieg. Gegen Juden und Holländer konnten sie ihn allerdings noch gut gewinnen. Das ab acht Uhr eintretende Ausgehverbot vertrieb Widerstandskämpfer und Juden von den Straßen; die übrige Bevölkerung schien sich aus dieser Beeinträchtigung nicht viel zu machen, Lebensmittel,

Heizmaterial und Medikamente wurden schmerzlicher vermißt. Ich erinnere mich, daß es in der Straßenbahn nach Marihuana roch. Alles, was brennen wollte, wurde in Zigarettenpapier gerollt und angezündet. Mit jeder neuen Kürzung der Ration stieg der Preis. 1942/43 war ein Päckchen Zigaretten 40 bis 60 Mark wert, und kurz vor Stalingrad vielleicht sogar noch mehr. Damals fand das Flüchtlingskomitee eine Unterkunft für mich in der Niersstraat 1, im neuen Teil von Amsterdam-Süd, bei Meneer Jaap Granaat. Granaat, fünfunddreißig, verheiratet, ein kleines Kind und die Mutter im Haus, war Buchhalter, vorübergehend arbeitslos. Seine nichtjüdischen Arbeitgeber hatten ihn entlassen müssen, und bei den jüdischen Firmen gab es nicht genügend zu tun. Er war ein bißchen Zionist. Meine sozialistischen Phantasien müssen ihn angewidert haben, doch war er so anständig, sich nie darüber lustig zu machen. Die Wohnung war sauber, modern, bequem, nicht luxuriös und nicht ärmlich. Zwei kleine deutsche Jungen lebten bei ihm, sie waren zehn und zwölf Jahre alt. Das Komitee zahlte auch ihren Unterhalt. Großmutter schälte die Kartoffeln, Mutter putzte die Wohnung (für ein jüdisches Dienstmädchen reichte das Geld nicht, und nichtjüdischen Frauen war es verboten, jüdischen Dreck wegzuputzen). Mutter wickelte das Kind. Granaat besuchte eine neu gegründete Schule, wo jedermann für wenig Geld einen richtigen Beruf erlernen konnte. Richtige Berufe hatten die Schmiede, Tischler, Maurer, Autoschlosser. Bücher oder Geschäfte führen waren falsche Berufe gewesen, wie die Juden jetzt feststellten. »Was kann ich in Deutschland als Buchhalter anfangen?« fragte Granaat ganz richtig und fügte dieser aberwitzigen Frage noch hinzu: »Als Schmied aber können sie mich überall verwenden, sogar in Polen.« Nachdem er sechs Wochen lang auf weißglühende Eisenstangen losgehämmert hatte, brachte er stolz einen siebenarmigen Leuchter heim, um den Aufstand der alten Helden Makkabäus und Bar Kochba gegen die Römer zu feiern. Ein Gewehr und Munition herzustellen, wäre unter den gegebenen Umständen vernünftiger gewesen. Doch wer kann das wissen? Sieben Kerzen anzünden, um das vage Andenken an ein längst vergangenes Selbstvertrauen aufzuhellen, war vielleicht wirklich alles, was er tun konnte. Granaat war Buchhalter, nicht Soldat, er war Familienvater, kein Guerilla. Er trug »Verantwortung« und wollte für die von ihm Abhängigen sorgen, »auch in Polen«. Woher sollte er wissen, daß Verantwortungsgefühl und Schwerarbeit kein Freibrief, keine Tugenden mehr waren, die mit dem Recht auf Leben belohnt wurden? Er konnte es nicht wissen, er wußte es nicht, und er wollte es auch gar nicht wissen. Er tat, was er konnte. Wir probierten den Leuchter aus, und bei Gott, die Kerzen paßten. Der Mann war begabt. Ein anpassungsfähiger Zeitgenosse. Auf die Straßenbahn lassen sie ihn nicht, von seinem Fahrrad stoßen sie ihn hinunter, doch den Hin- und Rückweg zur Schule darf er zu Fuß machen, das ist ihm vorläufig und »bis auf weiteres« gestattet.

Gelangweilt vom tagelangen Herumsitzen im Haus und vom Herumhängen mit immer den gleichen wenigen Freunden und angetrieben von dem Wunsch, dem Arbeitsplatz meiner Liebsten nahe zu sein, ging ich nun ebenfalls in jene Schule und erlernte die Metallbearbeitung. Wir mußten unzählige Stücke aus Stahl- und Eisenblech aussägen und polieren, erst mit der Feile, dann mit Schmirgelpapier. Sie machten sich hübsch auf Bücherregalen. Überdies befand sich gegenüber der Ghettoschule ein Wohnheim für Krankenschwestern und somit Aussicht darauf, eine Freundschaft anzuknüpfen, die in einem dunklen Korridor oder auf dem Fußboden eines der Zimmer enden konnte. Meine Liebste wollte das noch nicht. Ich liebte Cilly Levitus, die ich bei Granaats kennengelernt hatte. Sie nahm sich der kleinen Kinder an, deren Eltern im Theater (quer über die Straße) auf den nächsten Zug ins Lager warteten. Cilly hatte braunes Haar, blaue Augen, eine Stupsnase, wohlgeformte Brüste und ein gut ausgebildetes Hinterteil. Daß sie mich liebte, bewiesen die Dosen mit Kartoffelsalat, die sie mir aus der

Schwesternküche brachte. Sie sah aus wie meine Mutter, und sie sorgte sich auch um mich wie eine Mutter. Sie erlaubte leider nicht, daß ich sie auszog, und nur einmal ließ sie mich für Sekunden ihre festen Brüste sehen. Ich konnte sie weder in einen Korridor noch in ein Bett bugsieren, doch konnte ich immerhin ihre Hand halten und hoffen, daß sie ihre fromme Erziehung eines Tages vergessen würde. Ich hatte es noch nicht versucht, sie hatte es auch noch nicht versucht.

Nach ein paar Wochen, als »wir uns schon besser kannten«, erlaubte sie mir zweimal, ihren Busen anzufassen, einmal auf der Wiese nach der Überfahrt über den IJ-Kanal mit der Fähre, und einmal zu Haus. Im übrigen blieb es bei Spielerei und Phantasien. Auf keinen Fall möchte ich noch einmal sechzehn und in eine deutsch-jüdische Krankenschwester mit dickem Popo verliebt sein. Ich wäre ihr auf Jahre hinaus verfallen, würde (wieder) rasend verliebt in sie sein, ihr Kartoffelsalat und was sie sonst anzubieten hat, aus der Hand fressen, und mich für alle Ewigkeit in ihrem Schoß begraben wollen. Die Gedichte, die ich für sie schrieb, klangen wie die meiner Mutter, für die sie im Grunde ja auch bestimmt waren. Ich liebte ihren festen Schritt, ihre Art, fest anzupacken, ihr schwachsinnig optimistisches Lächeln und sogar ihr endloses Geplapper über alles, was ihr in den Sinn kam. Sie war mein Mädchen.

Mein Freund war Fritz Sofer, der im Stadthaus der Werkdorppioniere wohnte. Sofer hortete die Zigaretten von seiner Ration (er rauchte nicht) und schlug mir vor, sie auf Kommissionsbasis zu verkaufen, eine Zigarette pro verkauftem Päckchen. Käufer für Zigaretten zu finden war nicht schwer, doch seine Zigaretten waren nach einem Winter im feuchten Pappkoffer schimmlig geworden und schmeckten scheußlich. Keiner wollte sie. Zwanzig Päckchen dieses verdorbenen Tabaks wurde ich los und hatte damit zwei Päckchen verdient. Sie verursachten mir Übelkeit, beruhigten aber die Nerven.

Überall in der Stadt neue Bekanntmachungen. Zum Arbeitseinsatz in Deutschland haben sich zu melden: Buchstaben A bis L am Dienstag; K bis P am Mittwoch; Q bis Z am Donnerstag. Niemand wollte zum Arbeitseinsatz. Es gingen finstere Gerüchte um. Die Deutschen mußten sich was Neues ausdenken. Wollten sie am Ende alle erwischen, mußten sie sie zuvor zusammentreiben. Die Nichtjuden mußten raus aus dem alten Ghetto, die Juden mußten rein. Da das alte Ghetto nicht groß genug war, erklärten die Deutschen den jüdischen Teil des afrikanischen Viertels im Neuen Osten zum neuen Ghetto. Hier und da erschien eine Bekanntmachung, einige Rollen Stacheldraht taten das übrige. Das Ghetto war offen, nicht abgeriegelt wie die polnischen Ghettos, doch gab es jetzt viel mehr Polizei im Bezirk, und man konnte jederzeit angehalten und nach dem Woher und Wohin gefragt werden. Als ob das irgendwer gewußt hätte! Niersstraat im Neuen Süden war eine zu gute Wohngegend für Juden, selbst vorübergehend, selbst für wenige Monate. Wir mußten ins Afrikaner-Viertel umziehen. Granaat besorgte eine Wohnung, was nicht schwer war. Das Viertel wurde langsam leer.

Im Frühjahr zogen wir in die Retiefstraat 39 um. Das Baby kam bis Kriegsende zu Bauern, und die alte Mutter Granaat wurde von zwei holländischen Polizisten, die ihr den kleinen Koffer trugen, gebeten, mit dem Kartoffelschälen aufzuhören und sich zu einem wartenden Wagen zu begeben. Die alte Dame hatte keinen Stempel. Sie mußte sofort mit der Arbeit in Deutschland beginnen. Das erleichterte manches. Es gab weniger Zank im Haus, zwei Menschen weniger waren zu ernähren, um zwei Menschen brauchte man sich nicht mehr zu sorgen. Einen sichereren Ort als Westerbork gibt es nicht, nur der Tod ist noch sicherer, sagten die Leute.

Juden, Juden, warum nur hat Gott euch erschaffen, begann eines meiner Gedichte, ein sentimentales Lamento um alles, was sterblich ist. Blumen, Gras, Laub und Juden. Zum ersten Mal reimte Rosen auf Tod. Der Kitsch war Wirklichkeit geworden. Der Romantizismus der Nazis hatte das Leben in

Kitsch verwandelt und den kleinen, unscheinbaren Mann in einen Helden. Der Milchmann und der Handelsvertreter hatten zum ersten Mal ein Gesicht. Manche gingen mit zusammengepreßten Lippen in den Tod, andere starrten aus triumphierend melancholischen Augen in die Straßen von Amsterdam. Sie hatten sich eingebildet, sie könnten für immer auf diesen Straßen herumlaufen und sich ewig um ihren Lebensunterhalt plagen. Das alles wurde jetzt überflüssig. Sie hatten um ihr Leben gekämpft, indem sie sich im letzten Augenblick weigerten, wegzugehen – und hatten verloren. Jetzt wollten sie ihre Niederlage ertragen, mit Würde. Manche nichtjüdischen Holländer aus dem gleichen Milieu bewaffneten sich, raubten Kartenstellen und Rathäuser aus, befreiten Gefangene, schossen ausgewählte Nazioffiziere hinter ihren Biergläsern weg – und der kleine Mann wurde der neue tragische Held. Arthur Miller, ein Amerikaner, stimmte mit der Klage auf den *Tod eines Handlungsreisenden* seinen Schwanengesang an (und dieses Stückes wegen rechne ich Miller unter die großen Dramatiker aller Zeiten). Er hat es als erster erkannt. Das Zeitalter des kleinen Mannes hat im Zweiten Weltkrieg begonnen. Ein totgeborenes Geschöpf leider, das gerade jetzt in den letzten Zügen liegt. Die Banalität der Absichten, der Geschmack nach Blut und Tod, der Geruch von versengtem Fleisch – das alles liebte ich. Ich war sechzehn, ich genoß meinen Spaziergang in der Sonne und verabscheute die Welt in ihrem Friedhof. Der Tod war nichts als ein Gedanke. Die auf Lastwagen kletterten, die in den Anlagen erschossen wurden, die mit dem Bierglas in der Hand starben, sie alle sah ich lebendig. Ich hatte noch keinen Toten gesehen, und viele meiner Generation ebenfalls nicht. Das Morden fand weit entfernt statt. Wir blieben mit dem Gefühl zurück, daß es geschah, ob wir es nun sahen oder nicht. Daß es geschieht, ist alles, was man wissen muß. Erst kam ein Schwesternheim dran, dann ein zweites. Alle Schwestern zur Arbeit nach Deutschland. Krankenhaus nach Krankenhaus, Altersheim nach Altersheim kam an die Reihe. Alle Patienten, alle Ärzte, alle Alten und alle, die sie pflegten – ab zur Arbeit nach Deutschland! Die Diamantenschleifer wurden benachrichtigt, eine Woche darauf auch die Textilarbeiter.

Es verschwanden jetzt sogar einige Große des Jodenraad, sie kamen von ihren Büros nicht mehr nach Hause. Die Säuglinge gegenüber dem Theater hielt man als Geiseln etwas länger fest. »Eltern, zeigt euch gefügig und geht, ohne Anstände zu machen – sonst müssen es die Kleinen büßen.« Die Deutschen verabscheuten Klamauk. Im Juni oder Juli schickten sie die Säuglinge den Eltern nach. Von den Kinderschwestern gelang es vielen, zu fliehen und sich zu verstecken. Sie konnten schneller laufen als die Säuglinge. Wenn alle sterben müssen, warum Säuglinge besonders bemitleiden? Die armen unschuldigen Kleinen! Waren etwa ihre älteren Geschwister, ihre Eltern und Großeltern schuldiger? Sogar die Kinder und die Säuglinge verabscheute ich. Sie stanken.

In der Schule von Bussum hatte ich einen Jungen namens Rob gekannt. Er kam aus ärmlichen Verhältnissen, hatte keinen Vater, und wir fühlten uns beide als Außenseiter in der Klasse. Rob war kein Jude. Er wohnte jetzt nicht mehr in Bussum, sondern in Amsterdam, und wir trafen uns gelegentlich. Ich fragte ihn, ob er mir eine Kennkarte verschaffen könnte, Geld hätte ich allerdings keines. Drei Wochen später besorgte er mir die Kennkarte. Wie, weiß ich nicht. Immerhin konnte auch ein Blinder merken, daß die Nummer geändert worden war, die Kennkarte war damit wertlos. Umsonst ist immer zu billig, hatte mein Vater gesagt.

Die Razzien waren unsere Happenings. Jeden Tag eine andere. Die Ghettos wurden Straße um Straße geräumt. Das alte Ghetto war bereits leer. Als nächstes würde das neue Ghetto im Afrikaner-Viertel drankommen. Das genaue Datum konnte niemand vorhersagen. Manche meinten Montag, andere tippten auf Freitag, andere auf Samstag und wieder andere auf Sonntag. Alle irrten sich. Die letzte große Razzia fand am Donnerstag, dem 20. Juni statt, am Geburtstag meines Vaters, und sie begann um sechs Uhr früh. Ich wollte nicht daheim bleiben, dazu war ich zu aufgeregt. Ich besuchte ein Mädchen von dreiundzwanzig (»eine alte Schachtel«), die um die Ecke am Afrikanerplein wohnte. Sie hieß Ilse Aronade und war verheiratet mit einem gewissen Günther, beide Deutsche, beide ehemalige Pioniere aus dem Werkdorp. Ich hatte sie im Werkdorphaus nahe dem Zoo kennengelernt. Fritz Sofer und andere behaupteten: »Ilse ist eine offene Stadt. Jeder Penisträger hat bei ihr eine Chance. Sie verarbeitet drei Stück am Tag.« Ich klingelte gegen zehn an ihrer Wohnungstür in der Hoffnung, der erste zu sein. Ihr Mann war in der Schule, wo er ältlichen Gewerbetreibenden zeigte, wie man Automobile auseinandernimmt. Es war ein warmer Sommertag, der Himmel blau mit weißen Streifen hochfliegender amerikanischer Bomber. Endlich war der Tag gekommen. Man würde mich von Ilses Brüsten und aus ihrem Leibe reißen müssen, denn genau da wollte ich mich jetzt verstecken, in Ilse drin.

Ich hatte mir ausgerechnet, daß sie erst am späten Nachmittag in unsere Straße kommen würden. Bis dahin gab es noch massenhaft Juden einzusammeln, und »dann wird man ja weitersehen«, wie der Blinde sagt. Ilse war weder groß noch klein, sie hatte rötliches Haar und trug dicke Brillengläser. Die Lippen waren voll, aber flach, sie hatte wunderhübsche Zähne, ein Lachen, bei dem es mich kalt überlief, und einen Geruch, von dem mir die Hände feucht wurden. Was sollte ich sagen? Wie fängt man so was an? »Ilse, darf ich mit dir schlafen?« – »Ilse, ich liebe dich!« – »Ilse, hilf mir doch, meine Erektion will und will nicht zurückgehen!« Ich sagte also nichts, ich kam nur eben so zum Lunch vorbei. Ich aß Brot und Käse, trank stumm drei Tassen Kaffee und versuchte zu lächeln. Wir hatten wohl eine Viertelstunde schweigend gegessen, als man hörte, wie draußen Töpfe und Pfannen übers Pflaster geschleift wurden, ein Kind weinte, ein Hund bellte, ein Lautsprecher brüllte, Marschmusik dröhnte, und über allem der Tenor eines hochfliegenden Bombers.

Wir saßen und verzehrten unseren Lunch. Wir kannten einander kaum und wußten nicht, was reden. Wir wollten nur herausbekommen, wie der andere sich anfühlt. Sie fing an. Ich war zu schüchtern. Während ich mir ein Stück vom Käse schnitt, legte sie ihre linke Hand auf meine. Wollte sie nicht, daß ich von dem Käse aß? Warum sagte sie nicht, hör auf, meinen Käse zu essen, wenn das ihre Absicht war? Ich hätte damals leicht ein Pferd oder zwei verdrücken können, und es war reichlich Käse im Haus. »Hast du schon mal eine nackte Frau gesehen?« Ich hörte auf zu kauen. Mit vollem Mund konnte ich weder ja noch nein sagen, hätte ihr auch nicht die Wahrheit gesagt. Ich schaute sie nur stumm an, immerfort, und folgte ihr mit den Augen, als sie in ein Nebenzimmer ging. Die Lage hatte das Endstadium erreicht. Insbesondere meine. Noch wenige Minuten, zehn vielleicht oder fünfzehn, und ich würde mich der äußersten Prüfung ausgesetzt sehen. Ich würde nicht im Konzentrationslager sterben, weil ich gar nicht erst hingehen wollte. Das fiel mir gerade jetzt ein, jetzt, als Ilse im Morgenrock hereinkam, sich auf die Bettkante setzte und mich durch ihre dicken Brillengläser anstarrte, bis mir die Spucke im Munde eintrocknete. Ich saß da und wagte nicht weiterzuessen – das hätte sie unter diesen Umständen als schlechte Manieren auffassen können. Ich wollte schiffen gehen, traute mich aber nicht aufzustehen.

Ich wollte sagen: »Ein andermal ...«, und konnte auch das nicht, denn vielleicht würde es kein anderes Mal geben. Am liebsten wäre ich auf der Stelle gekommen und hätte es hinter mir gehabt. Lieber als aufstehen und zum Bett gehen, hätte ich auf ihren Stuhl geschissen und mich zeitlebens dafür geschämt. Sie winkte mich mit dem gekrümmten Zeigefinger zu sich, wie es alte Huren mit jungen Männern im Film machen, und weil ich ein Held war, ein Trumpeldor, ein Tarzan, ein Tom Mix, durfte ich nicht kneifen. Ich mußte es hinter mich bringen. Es wird gar nicht mehr notwendig sein, sich so gegen fünf Uhr auf dem Dachboden zu verstecken, denn schon in etwa einer halben Stunde wird sie mich umgebracht, zum Fenster hinaus oder die Treppe hinunter geworfen haben. Und wenn nicht sie, dann ihr Mann, der jeden Augenblick heimkommen kann. Leb wohl, ich komme, ich trat an ihr Bett, sie schlug den Mantel zurück, öffnete meinen Hosenschlitz, griffelte an meinem Schwanz herum (um wieviel besser war ihre Hand!), steckte ihn hin, wo es noch wärmer war, noch einige Augenblicke, und ich lag sterbend in den Anlagen auf dem Bauch, mit geschlossenen Augen, genauso wie der Mann vom Widerstand. Ich starb noch einmal und noch einmal und dann noch einmal. Der Rücken tat mir weh, alle Knochen schmerzten, mein Kopf wuchs zum Fenster hinaus, ein erschossener Held, erhob ich mich vom Boden, knöpfelte den verdammten Schweif weg, der mir nichts als Ärger machte, und nahm meine Jacke.

Im Schloß drehte sich ein Schlüssel. »Keine Angst, ich habe den Riegel vorgelegt.« Sie schob mich in ein kleines Schlafzimmer gleich an der Wohnungstür und warf mir meine Schuhe nach. Günther küßte seine Frau und sagte: »Sie sind gleich hier. Wir müssen los.« Auf das Wörtchen »los« wetzte ich aus der Wohnung, die Treppen hinunter und preßte mich eng an die Wand, bis ich um die Ecke war. (Ich ahnte natürlich nicht, daß es Günther völlig einerlei war, was seine Frau trieb, wenn er nicht daheim war. Schließlich waren wir alle »Pioniere«.) Wieder an der frischen Luft, in der Sonne, auf dem Weg um den Block und zurück in mein Zimmer, atmete ich ein neues, aufregendes Leben. Ich hatte die Probe bestanden und es überlebt. Jetzt kam es nur noch darauf an, die Polizei zu überlisten.

Wie ich den Nachmittag verbrachte, weiß ich nicht mehr. Eile hatte ich nicht. Erst wenn die Deutschen in unsere Straße kamen, wurde es Zeit, sich auf dem Dachboden zu verstecken, vorher war nichts zu tun. Ich besuchte einen alten Freund aus Gouda, dessen Namen ich vergessen habe. Wir pflegten ihn Furz zu nennen, denn sobald er einem in die

Nähe kam, stank es. Sein Vater war ein ehemaliger hoher Offizier. Er verließ sich auf seine Auszeichnungen. Wenn sie kommen, wird er ihnen seine Orden zeigen, sie werden stramm grüßen und wieder gehen. Damals glaubten die Leute an alle möglichen Wunder. Ich hatte Furz weiter nichts mitzuteilen, kam nur, Guten Tag und Auf Wiedersehen sagen. Vielleicht würden wir uns nicht mehr wiedersehen; vielleicht irgendwo in Deutschland.

Ich war überzeugt, daß ich keinen meiner Freunde je wieder zu Gesicht bekommen würde, allerdings nicht, weil ich umkommen würde, sondern sie. Die Familie saß in Erwartung der Deutschen herum, als erwartete sie die Ankunft der Braut des Sohnes. Sie waren ungeduldig. Koffer standen gepackt auf dem Korridor (dreißig Pfund waren gestattet, keine fünf Pfund darüber). Stühle und Sessel waren mit Überzügen gegen Staub geschützt, denn man würde vielleicht nicht so bald zurück sein. Das Geschirr in der Küche war abgewaschen, und die Kochtöpfe blinkten. Vor der Haustür waren leere Milchflaschen ordentlich aufgereiht. Falls Magie und Orden nichts nützten, wollten sie einen guten Eindruck hinterlassen. Ganz die properen, korrekten Mitbürger, die sie immer gewesen sind, und nicht wie die Polen und Ungarn, die ein Schlachtfeld zurückließen.

»Moische Katzenpischer, der Schächter, hat alle Möbel zerschlagen, man denke!« sagte die Mutter. »Das sind Leute! Sogar die Kinder durften helfen. Ein schlechtes Beispiel geben sie. Polacken natürlich.« Da fiel ihr ein, daß auch ich Ausländer war, und sie entschuldigte sich. »Pole?« fragte sie.

»Ich bin aus Wien«, sagte ich, »und wenn ich könnte, würde ich das ganze Viertel niederbrennen, ehe ich ausziehe.«

Sie wurde blaß und bot mir kühl und höflich Limonade an.

Der alte Offizier warf mir über den Tisch einen Blick zu, der sagte: Gott sei Dank braucht mein Sohn nicht lange in solcher Gesellschaft zu bleiben.

»Wenn du vor mir nach Westerbork kommst, grüße bitte

Manfred und Schoschanna«, sagte ich; unsere Zieheltern aus Gouda waren angeblich schon abgeholt worden.

»Und was glaubst du, wo du landest?« fragte Furz lachend.

»Ich weiß es nicht, aber wir haben nicht den gleichen Weg.«

Furz hat den Krieg überlebt (seine Eltern allerdings nicht), begegnet bin ich ihm aber nie wieder.

Ich schlenderte nach Hause und schaute dabei in alle Fenster. Die Holländer ziehen keine Gardinen vor die Fenster. Wohin man blickte, überall sah man Familien um die Tische sitzen, manche tranken Tee und lasen Zeitung, Kinder spielten Schach oder Domino. Es war wie am Sabbat. Oder am Sonntag. Keiner hatte es eilig. Juden haben viel Geduld. Auf den Messias warten sie seit dreitausend Jahren; zwei bis drei Stunden Warten bedeuten ihnen nichts. Haß gegen mein Volk, gegen die Juden, erfüllte mich so sehr, daß speziell für Granaat kaum noch etwas übrig war. Als ich bei ihm ankam, schob er mit Hilfe seiner nervösen Frau und der Jungen die Möbel von einem Zimmer ins andere. Die Wohnzimmereinrichtung stand bereits im Schlafzimmer, und er war dabei, mein Zimmer auszuräumen. Wo ich so lange gesteckt hätte? Anstatt mich herumzutreiben, hätte ich mich nützlich machen können. Er ahnte nicht, daß ich nie zuvor einen Tag so nutzbringend verwendet hatte. Was heißt schon nützlich? »Ich habe einige Möbel verkauft«, sagte Granaat. »Morgen früh werden sie abgeholt, dann kriegen die Deutschen wenigstens nicht alles.«

Seine Frau sagte immer wieder: »Aber Jaap, sobald wir heraus sind, wird die Wohnung versiegelt.«

»Na, wenn schon, machen wir weiter. Zu verlieren haben wir nichts dabei. Vielleicht vergessen sie die Wohnung zu versiegeln. Los, faß an.« Ich half meine Möbel hinaustragen. »Warum stellen wir die Möbel dann noch um, Meneer Granaat?«

»Weil ich nicht will, daß er sich erst die Stücke heraussuchen muß, die ich ihm verkauft habe. Ich habe gesagt, wir stellen alles im vorderen Zimmer zusammen.«

Granaat hatte die Jacke abgelegt. Seine Frau trug eine Schürze, die Jungen steckten in ihren besten Sonntagssachen. Ich trug meine Stiefel, Reithosen, dunkles Hemd und eine Jacke ohne Judenstern. Meine Straßenjacke legte ich in den Schrank.

»Du siehst aus wie ein SS-Mann«, neckten mich die Jungen.

»Na, wenn schon.« Es freute mich, daß meine Verkleidung ihnen Eindruck machte. Unterm Rockaufschlag trug ich das schwarz-rote Dreieck der holländischen Nazipartei. Es war noch zu früh, das Abzeichen anzustecken. Das hätte sie nur verärgert. Gegen halb sechs waren wir mit dem Umräumen fertig und setzten uns zum Tee.

Plötzlich hörte man den Lärm der LKW so laut, als wären sie schon an der Ecke. Wir tranken den Tee aus. Jeder nahm sein Gepäck. Granaat verriegelte die Tür, und wir gingen hinauf. Ehe wir durch die Bodenluke verschwanden, hörten wir im Nebenhaus und gegenüber auf 24 Gebrüll auf deutsch und holländisch. Wir setzten uns am Ende des Dachbodens unter die niedrigen Balken. Zwei Decken wurden auf die Dielen gebreitet, und Mevrouw Granaat legte Kissen aus. (Die Überzüge hatte sie zuvor abgenommen, damit sie nicht schmutzig wurden.) Wir saßen und horchten.

Auf der anderen Seite des Dachbodens sah ich einen bärtigen Mann von etwa fünfzig Jahren, eine Frau, die wohl seine Ehefrau war, und drei Mädchen zwischen vierzehn und zwanzig. Die Mädchen konnte ich nicht genau ausmachen, sie saßen praktisch im Dunklen. Gut zu erkennen war nur der Mann. Licht aus dem kleinen Dachfenster fiel auf den Kopf mit der Jarmulke. Er sah aus wie ein Fleischer. Ich starrte diese Leute an, die ich nie zuvor gesehen hatte. Granaat flüsterte: »Die sind aus Rumänien. Sie wohnen unten im Haus.« Wenn die Deutschen nun Granaats, die Jungen und die Eltern der Mädchen abholten und ich mit den drei Mädchen auf dem Boden zurückbliebe? Ich habe drei Schwestern, und nichts hätte mich mehr erregt, als mit drei Mädchen allein gelassen zu werden. Wenn Eltern es durch ihre bloße Anwesenheit nicht verhinderten, würden Brüder und Schwestern Tag und Nacht miteinander im Bett liegen. Ich war schon wieder bereit, und diesmal brauchte mir keiner den Hosenschlitz aufzumachen. Wenn doch die Erwachsenen nur endlich verschwinden wollten!

»Alle Juden raus aus den Häusern!« rief jemand im Stiegenhaus auf holländisch. Eine Lautsprecherstimme schrie auf holländisch und deutsch: »Wer nicht sofort mit Gepäck herauskommt, kommt in ein Straflager. Letzte Warnung. Wohnungsschlüssel mitbringen und abgeben.«

Die Stimmen wiederholten dies drei- oder viermal, und gleich hörten wir Männer die Treppe heraufkommen, gegen die Wohnungstür schlagen und an den Klinken rütteln. Die Bodenluke, die dank der niedrigen Decke im zweiten Stock verborgen war, sahen sie nicht. Man hätte ganz hinaufsteigen müssen, um sie zu sehen. Und was lag schon daran, wenn diesmal eine oder zwei Judenfamilien entwischten? Falls zu viele übrigblieben, wird eben nächste Woche wieder eine Razzia veranstaltet. Darum also kamen die Polizisten nicht ganz die Treppe herauf und auch, weil man am späten Nachmittag, nach einem Tag anstrengender und noch dazu unerfreulicher Arbeit, müde ist.

Die Polizisten, die die Juden abholen sollten, haben die Juden ebensowenig gehaßt, wie ihre Vorgesetzten sie haßten (mit wenigen Ausnahmen). Aus den Prozessen der Nachkriegszeit wissen wir: Sie haben nur ihre Pflicht getan. Und genauso sah es auch aus. Die Judenfrage mußte gelöst werden. Sie wurde auf rechtliche, juristisch einwandfreie Weise gelöst, nicht durch ein Massaker, nicht von betrunkenen Kosaken. Eichmann hat gesagt, er habe die Juden nie gehaßt. Hitler hat es vermutlich getan. Aber es war ja gar keine Frage des Hasses, sondern es galt Anordnungen auszuführen. Sie kamen, um Juden zu töten – das war nur die bedauerliche logische Konsequenz einer lobenswerten Aktion: Dreck mußte weggeräumt, Krummes begradigt, Chaotisches geordnet werden. Dies geschah nicht im barbarischen Blutrausch, sondern mit lutheranischer Kaltblütigkeit, unter dem lutheranischen Zwang, jegliche Art von DRECK zu beseitigen. Wenn Juden Schweine sind (ob nun Furzens Mutter vor der Hinrichtung das Geschirr noch abwischt oder nicht), dann bleiben sie auch Schweine. Das Töten von Tieren und das Vernichten von Ungeziefer (denn auch so nannten sie uns) ist nicht unmenschlich. Die vorsätzliche Vernichtung von Menschen hätte den Massen in Deutschland und in den besetzten Gebieten nicht gefallen. Weil die Juden generationenlang unter Leuten gelebt hatten, die sie gern beseitigt hätten, waren sie nun darauf gefaßt, beseitigt zu werden. Auch sie glaubten an die Endlösung.

Wenige Minuten, nachdem das letzte Gebrüll verklungen war, gingen sie hinunter, erschreckt bei dem Gedanken an das Straflager, einer nach dem anderen. Eben darum blieb ich zurück. Ich wollte mit diesen Menschen nichts zu tun haben, mit dieser entfernten Verwandtschaft. Zu vertraut war mir die Art, wie sie zusammengedrängt auf den Holzbänken der LKW hockten, sich an ihr Gepäck klammerten, zu Füßen die Kinder mit ihrem Spielzeug und den Puppen. Dieser Lärm, dieses Gewimmel – nicht einmal von Amsterdam nach Utrecht hätte ich im gleichen Abteil mit ihnen reisen wollen, und schon gar nicht den ganzen Weg nach Polen. Es sind langweilige, stumpfe Leute, man kann kein gescheites Wort mit ihnen reden. Typische Verwandte eben.

Als die Verwandten endlich weg waren, kletterte ich sicherheitshalber durch das kleine Fenster aufs Dach. Das ging erst jetzt, zuvor hätten sie vermutlich gemault. Zwei Stunden lang lag ich auf dem Bauch und schaute durchs Dachfenster wie ein Wissenschaftler, der seltene organische Zellen beobachtet. Es waren aber keine mehr vorhanden, ausgenommen ich selbst und mein verpfuschtes Leben. Es war beinahe dunkel, so gegen zehn Uhr; auf dem Dach gegenüber blitzte eine Taschenlampe auf und wanderte einmal im Kreis. Augenscheinlich bemerkte man mich nicht. Eine halbe Stunde später war die Welt so normal wie an jedem anderen Abend. Ich kletterte durchs Dachfenster zurück und schlich auf Zehenspitzen treppab. Die Wohnung war verschlossen und versiegelt. Die Gegenstände darin gehörten jetzt dem Reich, vielleicht gar Eichmann und Rauter persönlich, und niemand durfte sie anfassen. Der dumme Granaat hatte geglaubt, Eichmann und Rauter verstünden nicht, sich ihres neuen Besitzes anzunehmen. Keiner durfte wissen, daß noch jemand im Haus war, und unnötiger Lärm konnte nur schaden; überdies ist es gar nicht leicht, eine Tür ohne Werkzeug aufzubrechen. Ich ging wieder nach oben, kroch zur Dachrinne und kletterte daran hinunter bis auf den Küchenbalkon. Hier und dort drang Licht durch Ritzen in der Verdunkelung. Die Küchentür war ebenfalls verschlossen, doch ich brauchte meinen Koffer und Robs Kennkarte, die unter dem Linoleumbelag in meinem Zimmer lag. Außerdem war ich halb verhungert und mußte dringend aufs Klosett.

Ich drückte das kleine Fenster ein. Das hörte sich an wie eine Explosion. Ein Licht ging an und wieder aus. Auf dem Herd standen die Reste vom gestrigen Mittagessen. Grüne Erbsen. Ein halber Topf voll. Ich hätte zu gern die Stiefel ausgezogen, sie drückten fürchterlich, ich wollte auch keinen Lärm machen, allerdings nicht wegen der Nichtjuden, die im Hinterhof noch Licht brannten; die konnten mich unmöglich hören, waren übrigens auch fast alle zuverlässig. Ich aß alle Erbsen und versuchte, die Stiefel abzuziehen. Als das nicht gelang, als es mehr weh tat, die Stiefel auszuziehen als anzubehalten, dachte ich, am besten, ich lasse es bleiben. Ziehe ich die Stiefel aus, tun mir die Füße nicht mehr weh, ich lege mich aufs Bett und schlafe durch bis Mittag. Lieber will ich unruhig schlafen, bei Tagesanbruch aufwachen (ohne Wecker) und kein Risiko eingehen. Um sechs ist das Ausgehverbot zu Ende, ich kann also um viertel nach sechs an der Straßenbahnhaltestelle sein und die erste 3 erwischen.

Ich erwachte um fünf Minuten vor sechs, brachte meine wenigen Sachen im kleinen Koffer unter (ein Koffer muß die richtige Größe haben, man wird dauernd nach Schwarzmarktware durchsucht), steckte mein Naziabzeichen an den Rockaufschlag, setzte den grauen Hut mit der nach unten gebogenen Krempe auf, band einen schwarzen Schlips zum grauen Hemd um und sah (im Spiegel) aus wie ein Nazi, der vom Dienst zurückkommt. Ich machte ein finsteres Gesicht und marschierte zur Linie 3. Ich ging mit militärischem Schritt und schaute stur geradeaus. Niemand stand an der Haltestelle. In der Straßenbahn wichen mir Büroangestellte und Arbeiter aus. Mehr als die Deutschen haßten die Holländer ihre eigenen Nazis. In meiner Aufmachung würde mich keiner anhalten. Robs Kennkarte hatte ich doch lieber unter dem Linoleum gelassen. Notfalls mußte ich eben improvisieren, das war immer noch besser, als eine offenkundig gefälschte Kennkarte vorzuweisen. An der Munt stieg ich in die 24 um, die nach dem Nieuwen Zuid fuhr; ich wollte sehen, wie es meiner Schwester und ihren Pflegeeltern ging. Ich war ein guter sentimentaler jüdischer Bruder. Sie hatten den Tag in der Abstellkammer ihrer Wohnung verbracht, sahen etwas bläßlich aus, waren aber wohlauf. Lange wollte ich nicht bleiben; eigentlich hätte ich überhaupt nicht kommen sollen, vielleicht war ich beobachtet worden. Willkommen war ich hier nicht.

Mit der Straßenbahn fuhr ich zur Hemonylaan 20, zum Stadtbüro der Pioniere. Zu meiner Überraschung sah ich mindestens zwanzig gelbe Judensterne auf der Straße. Das Büro war offen und arbeitete mit Volldampf. Ich war nicht der einzige, der der Razzia entwischt war, es gab noch hunderte andere. Wer einen zionistischen Verwandten vorweisen konnte, bat jetzt um Hilfe. Fünfzig Stühle standen für ein knappes halbes Dutzend Wartende zur Verfügung. Die Überlebenden waren über die ganze Stadt verstreut. Ganz wie nach einem Erdbeben waren manche noch zu verschreckt, um sich von dem Ort fortzuwagen, wo die Katastrophe sie getroffen hatte. Man akzeptierte mich und ein weiteres Dutzend Leute, die früher in Gouda gewesen waren. Falls ich das Geld auftreiben könnte, würde man mir Papiere verschaffen. Man hätte es auch umsonst getan, brauchte aber jeden Pfennig für Bestechung und Schwarzmarkt. Ich mußte warten, bis ich an der Reihe war, und entdeckte, daß auch Ilse wartete. Als wir allein miteinander zurückblieben, schob ich mein rechtes Knie zwischen ihre Schenkel, und sie streichelte abschiednehmend meinen Penis. Sie hat wohl auf jemanden gewartet, denn als ich aus dem Büro kam, war sie fort. Sie und ihr Mann haben den Krieg überlebt, sie ist mir aber nicht wieder begegnet.

Ich weiß nicht mehr, wo ich mich herumgetrieben habe, bis ich in der Niersstraat 22 meine Papiere bekam. Aus der Straße, wo ich wenige Monate zuvor als österreichischer Emigrant und Jude gewohnt hatte, geboren zu Wien am 10. Februar 1927, entfernte ich mich nunmehr als ein gewisser Jan Gerrit Overbeek, geboren zu Aalten, Provinz Geldern, am 7. Januar 1926. Ich war kein Wassermann mehr, dafür aber zweimal geboren. Der Geburtshelfer, der mir zu diesem neuen Leben verhalf, war Gideon Drach, Halbjude aus Deutschland. Das Geld für die Kennkarte stammte wieder von Louis Polak, dem Ziehvater meiner Schwester, der auch für mich eine Art Vater war. Seine Großmut ist nicht mit ihm gestorben. Ich möchte Gideon Drach gern wiedersehen. Was ich ihm sagen würde, weiß ich nicht. Kann man sagen: »Danke schön«, weil man am Leben war und für immer verdammt ist, dieses Faktum als Folge einer angenommenen Identität erklären zu müssen? Ich weiß nicht einmal, ob ich schon aus dem Krieg zurück bin. Dieser Krieg hat noch gar nicht aufgehört.

Ich wollte, ich könnte mich daran erinnern, wo ich mich vor der Abreise nach Jutphaas bei Utrecht aufgehalten habe. Wahrscheinlich bei den zwei alten Jungfern, Tante Kok und Tante Miep, die mehrere jüdische Kinder im Haus beherbergten, die fast alle zu Leo Laub gehörten, einem mageren

Gelehrtentyp, der mit mir in Gouda gewesen war. Trotzki pflegten wir ihn zu nennen. Trotzki hielt sich anderswo versteckt. Auf dem Dachboden hausten seine drei Schwestern, Esther, die älteste, war vielleicht fünfzehn oder sechzehn, außerdem Cilly Levitus und deren jüngere Schwester. Ich hatte Cilly eine Kennkarte besorgt und sie zu einem Fotografen in der Kalverstraat gebracht, sie hatte mich hierher in die Tintorettostraat mitgenommen. Die Tanten, obschon nach so vielen Jahren des Zusammenlebens sicherlich aufgeklärt, meinten offenbar, ich sei noch zu jung für Sex oder die Mädchen seien für mich noch nicht alt genug. Ich durfte nur zwei Nächte bleiben.

Überfüllte Verstecke waren überhaupt nicht mein Fall. Den größten Teil des Tages verbrachte ich mit der Betrachtung meines Gesichtes im Spiegel. Ich hatte die Kennkarte, die Lebensmittelkarten und eine Anschrift. Ich war Jan Overbeek. Aber ich sah nicht so aus. Noch nicht. Meine Nase ist gerade, so gerade wie Hitlers Nase, aber mit den Augen stimmte etwas nicht. Nicht mit dem Sehvermögen, sondern mit dem Ausdruck. Die Deutschen meinten, der Jude hängt an der Nase – doch der Jude steckt in den Augen, jedenfalls die Sorte Jude, die man auch ohne Davidstern erkannte. Dieser Jude hatte einen gewissen weichen, nachdenklichen Blick. Einen Blick von Beschämtheit und Demut, einen weisen Blick, einen sinnenden Blick. Das alles mußte ich loswerden, so rasch als möglich und jedenfalls ehe ich den Koffer nahm und zum Zug nach Utrecht auf den Bahnhof Amstel ging. Das Gesicht konnte ich nicht verändern, und es war auch nicht notwendig, mein Gesicht zu verändern. Das Gesicht sind die Augen. Ich mußte meinen Blick ändern.

Das wäre mir leichter gefallen, wenn ich die Juden noch ebenso gehaßt hätte wie vor wenigen Tagen. Da ich nun aber Overbeek hieß und Holländer war, war ich auch weniger Antisemit. Meine neue Identität machte mich nicht zum Nazi; den hatte ich nur beim ersten Weggang aus der Retiefstraat gespielt. Ich mußte jetzt einen gewöhnlichen holländischen

Jungen spielen, der nicht haßt, sondern sich neutral verhält, nicht für die eine Seite ist und nicht für die andere. Ein junger holländischer Arbeiter (das war ich auf der Kennkarte) war auf Mädchen und Zigaretten aus, auf Kino und Musik. Ich mußte mich munter und gleichmütig geben, locker und kühl, kurz, als einer der ihren, nicht der unseren. Ich versuchte, mir einen Blick zuzulegen, und es endete damit, daß ich teils hochnäsig und teils angewidert in die Welt blickte. Es gelang mir nicht, wie ein gewöhnlicher holländischen Arbeiter auszusehen, ich mochte mir Mühe geben, soviel ich wollte. Jedenfalls kam es mir so vor. Ich sah in mir einen Nichtjuden, aber einen etwas eigenartigen, an den Rändern ein bißchen unscharfen, er glich einem holländischen Studenten oder Intellektuellen, was zu Jan Overbeek nicht paßte, der Arbeiter war und bleiben mußte. Ein Student von der Sorte, den ein schlauer Deutscher oder ein holländischer Nazi verdächtigt, zur Resistance zu gehören. Manches, was ich an mir sah, sah ich vielleicht nur, weil ich es wollte; den intelligenten nichtjüdischen Studenten beispielsweise; anderes sah ich (Hochmut und Ekel), weil ich es empfand. Ich blieb vor dem Spiegel, bis man sich darüber beklagte, daß ich das Badezimmer zu lange benutzte. Ich verzog mein Gesicht auf hunderterlei Art und verließ das Badezimmer, wie ich es betreten hatte, mit Haß in den Augen. Haß auf die Deutschen. Die Juden, von denen die meisten schon weg waren, schienen mir nicht mehr wichtig.

Ich haßte die Deutschen wie ein guter holländischer Patriot. Der Gesichtsausdruck blieb der gleiche, denn es fiel mir leicht, die Moffen zu hassen. Ich hatte sie seit je und ganz spontan gehaßt, nicht nur die Nazis, sondern auch die deutschen Juden und Nichtjuden, seit dem ersten Tag im Flüchtlingslager, als die deutschen Kinder sich über uns Kinder aus Wien lustig machten. Was mir an den Deutschen seit je und am meisten zuwider war, ist selbstverständlich ihre Sprache, die Art, wie sie unsere Sprache benutzen. Österreichisch, wie man es von Prag bis Triest spricht, von Bukarest bis Salzburg, wie es die Leute aus Krakau und Budapest, Zagreb und Czernowitz sprechen, war das wirkliche Deutsch. Nicht nur, was die Juden sprachen – sie vermischten das Deutsche mit vielen jiddischen Wörtern und Sätzen –, sondern auch das Deutsch, das ein österreichischer Nazi sprach, war die Sprache, die ich verstand. (Eben darum kann ich weder Günter Grass noch Uwe Johnson lesen, und auch die Lektüre anderer deutscher Schriftsteller bekommt mir nicht, während ich die Sprache von Peter Weiss verstehe, der Jude ist, und Enzensberger, der seine Nachkriegsjahre meist in Norwegen zugebracht hat, kommt mir vertraut vor.) Ein Teil meines neuen Gesichts sollte Haß auf die Deutschen zeigen, oder auch nur Haß. Overbeek war ein nicht ganz so gelassener holländischer Arbeiter, einer, der jeden Polizisten niederstarren und jeden Holländer von sich fernhalten konnte, denn dem sollte Overbeek wie ein Nazi vorkommen.

Eines Montagmorgens drängte ich mich mit Arbeitern und Angestellten, mit Soldaten und holländischen Schwarzhemden (das Gegenstück zu den Braunhemden in Deutschland) in die Straßenbahn zum Bahnhof Amstel. Das war ein angenehmes Gefühl; es war, kurz gesagt, wunderbar, wieder auf einem Bahnhof zu stehen und Geld für eine Fahrkarte aus dieser Stadt zu haben, in der ich fast zwei Jahre auf Kosten meiner jüdischen Nerven gelebt hatte. Kriegen sie mich oder nicht? Als Jan Gerrit Overbeek fühlte ich mich zum erstenmal sicher. Es ist Wahnsinn, frei herumzulaufen, wenn man eigentlich im Lager sitzen soll. Wahnsinn vielleicht, doch macht solcher Wahnsinn zufrieden und glücklich. Zur Abwechslung war die Schizophrenie mal nicht schmerzhaft. Schizophren sein heißt normal sein; Unwirklichkeit ist Wirklichkeit. Ich war beides: Overbeek für diese Welt und J. L. für eine andere Welt; J. L., der zurückkommt oder auch nicht, sobald die Deutschen den Krieg verloren haben. Es reichte nicht, die Deutschen zu hassen, es war nicht genug, die Nazis zu verabscheuen, man mußte auch überzeugt sein, daß die Deutschen verlieren und die Alliierten gewinnen würden.

Der Feind kann nur besiegt werden, wenn wir glauben, daß er am Ende verlieren muß.

Ich saß mit acht anderen im Abteil. Die Züge waren unpünktlich und immer überfüllt. Ich bedachte jeden Anwesenden, Patrioten wie Schwarzhemden (zwei davon saßen auf den Fensterplätzen) statt einer Vorstellung mit einem tückischen Blick. Ich sah nicht furchtlos drein, sondern nur so, als wäre ich von ihrem Anblick angeekelt. Wer von mir als Nazi in Zivilkleidung erkannt wurde, bekam ein besonders hämisches Lächeln. Nur langsam, Freundchen, sagte ich (mit den Blicken), ich bin ein größerer Nazi als du. Ich kann viermal soviel hassen wie du. Als Zionist nämlich, als Österreicher, als Linkssozialist und als Holländer. Und da zu meiner Identität auch eine arische Österreicherin als Mutter gehört (falls irgendwem mein Holländisch nicht echt genug klingen sollte), verachte ich dich auch noch als »Reichsdeutscher«. Es kamen zwei oder drei Kontrollen durch den Zug. Man suchte nicht mich, sondern Juden, die nicht nach Westerbork gegangen waren, und junge Holländer über achtzehn, die als Zwangsarbeiter nach Deutschland gehörten. Ich war kein Jude und für den Arbeitseinsatz zu jung. Einige Wochen später, als ich zum dritten Mal in der Straßenbahn von Utrecht nach Zeist kontrolliert wurde, hatte ich mein erstes Scharmützel mit der deutschen Feldgendarmerie. Einer dieser Gendarmen ermahnte mich in väterlichem Ton, meine Kennkarte in einer Zellophanhülle aufzubewahren, die in jedem Schreibwarenladen für wenige Pfennige erhältlich wäre, damit sie jederzeit gut lesbar sei. Ich sagte, das wolle ich tun.

Der Bauer mochte mich nicht, denn ich verstand mich nicht aufs Kühemelken, obwohl ich ihm vom Arbeitsamt als Landarbeiter zugeteilt war. Ich tat mein Bestes, schlief aber dauernd ein. Zankten wir uns zu heftig, drohte er, mich dahin zurückzuschicken, woher ich gekommen sei. Ich mußte fort. Ich hatte keine Lust zurückzugehen, denn es würde schwer sein, eine neue Adresse zu bekommen. Andererseits war es zu gefährlich, bei jemandem zu bleiben, mit dem man Streit hatte. Ich wünschte, man hätte eine leichtere Arbeit für mich gefunden. Ich bin nie gern um fünf Uhr früh aufgestanden, um bis zum Abend Heuwagen zu beladen. Solche Arbeiten sehen viel einfacher aus, wenn man sie vom Fenster eines fahrenden Zuges betrachtet. Meine Abneigung gegen körperliche Arbeit hatte mich schon bei den Pionieren in Schwierigkeiten gebracht. Körperliche Arbeit war entschieden nichts für mich, und Landarbeit erschien mir als die denkbar langweiligste Beschäftigung. Schade, daß keine Büroarbeit zu vergeben war. Ich hätte meine Abende gern weniger müde und in weiblicher Gesellschaft verbracht. Ich war überzeugt, daß meines Bleibens nicht mehr lange war, und fragte mich, wohin ich wohl gehen könnte. Bloß weil die Kühe von Jutphaas meine ungeschickten Versuche, sie beim Euter zu fassen, abwiesen, konnte ich unmöglich in Amsterdam auftauchen und um eine andere Adresse bitten. Man hätte mich dort womöglich hinausgeworfen. Statt dessen schickte mich ein Verbindungsmann des Untergrunds in eine Gärtnerei. Ich mußte mir große Mühe geben, keine Töpfe zu zerbrechen, die kleinen Pflänzchen nicht zu zertreten, die Blumen nicht zu kurz abzuschneiden. Wir lieferten Pflanzen für den Garten auf der anderen Straßenseite, in ein ehemaliges Priesterseminar, wo jetzt der Marinestab beim deutschen Oberkommando in den Niederlanden saß. Kuperus, mein Arbeitgeber, der mit den Deutschen auf dem richtigen Fuß stand, hielt zwei Juden und einen jungen Marineleutnant versteckt. Er selbst, Gartenarchitekt und wichtiger Mann in der örtlichen Resistance, versteckte sich vor den neugierigen holländischen Nazis hinter Blumen.

Die Arbeit mißfiel mir weniger als die Sonntagspredigten, die er seiner Frau, seinen kleinen Söhnen und seinen Juden hielt, und die Predigten wiederum mißfielen mir weniger als die Langeweile des Landlebens. Das Nachtleben der kleinen Stadt spielte sich um ein paar Würstchenbuden herum ab, doch durfte ich die Gärtnerei nicht verlassen. Über Nacht sperrte man mich auf dem Dachboden ein, in einer winzigen Kammer hinter einer falschen Wand. Ich litt unter Langeweile, wurde bei der Arbeit immer ungeschickter und haßte meinen Beschützer und seine Familie. Mit Piet, der angeblich aus Amsterdam stammte (er hieß Fuchs, wie ich nach dem Krieg erfuhr, und ist jetzt Direktor der hebräischen Sammlung in der Universitätsbibliothek von Amsterdam), hatte ich nichts zu reden. Er war zehn Jahre älter als ich, ein gelehrter, bürgerlicher Typ, klein, mit zurückweichendem, dunklem Haaransatz und schwarzen Augen. Piet mochte mich, glaube ich, ebenfalls nicht leiden. Er war in Polen geboren, und Polnisch war seine Muttersprache. Kurzum ein Pole, und ich war Österreicher. Und wie alle Österreicher konnte ich mit Polen, Tschechen und Ungarn – die in den Augen eines Wieners allesamt Provinzler sind – nicht reden, ohne meine Wiener Arroganz durchblicken zu lassen, ob ich es nun wollte oder nicht. Das war keine bewußte Haltung, das war sozusagen angeboren.

Fuchs verachtete mich, denn es ging mir augenscheinlich dreckig, und ebenso augenscheinlich wußte ich nicht zu schätzen, was Kuperus für mich tat. Für ihn sollte ich einfach Jan sein, doch so, wie ich gleich wußte, daß er in Wahrheit nicht Piet heißen konnte, hat er wohl geahnt, was es mit mir auf sich hatte. Der andere Kuperussche Hilfsgärtner war ein Mann von vierundzwanzig oder fünfundzwanzig Jahren, der Marineoffizier zu sein behauptete, doch kam er mir nicht so vor. Er nannte sich Brinkman und ähnelte etwas jenem Jaap, von dem ich zwei Päckchen Zigaretten gewann, indem ich den Beweis meiner Mannheit in einem Taschentuch erbrachte.

Brinkman konnte Geschichten erzählen wie Jaap. Er redete immer nur von den Bordellen in Amsterdam und Hamburg und was man dort lernen könne. Was er sagte, war auf die Dauer langweilig, doch für eine halbe Stunde war es unterhaltsam, aufregend und lehrreich. Er hat mich als erster darauf aufmerksam gemacht, daß zwei Mädchen im Bett besser sind als eines. Er erzählte von Auspeitschungen, von Lesbierinnen, von Frauen, die mit Stricken gefesselt werden. Gräßliche Geschichten, fand ich, lauschte mit offenem Mund und tat, als sei mir das alles längst bekannt. Ich meinerseits gab sämtliche Phantastereien Jaaps zum besten und fügte noch selbsterfundene Einzelheiten an. Brinkman war beeindruckt, und wir wurden Freunde. Aber eine wirkliche Freundschaft war es nicht. Er interessierte sich ausschließlich für weibliche und männliche Geschlechtsteile, während ich mich gern auch über Spinoza und über Politik unterhalten hätte. »Zuviel denken ist Scheiße, Jan. Man muß nicht immer denken, sonst wird man verrückt. Ich nehme jederzeit eine nette saftige Fotze und überlasse dir die Philosophen. Die sind *flauwe kul*.« Also: Unsinn. Aber denken war alles, was mir zwischen den Mahlzeiten und dem Dunkelwerden blieb. Zu lesen gab es nur altmodische Bücher, die seit fünfzig Jahren keiner angerührt hatte, und selbstverständlich die Bibel. Kuperus gehörte einer alttestamentarischen protestantischen Sekte an, deren Namen ich vergessen habe – irgend so was wie die Kirche der Jünger Jesu. Manchmal griff ich in meiner Kammer zur Bibel, bloß um was zu lesen, und legte sie gleich wieder aus der Hand. Die monotone Anhäufung seltsamer Namen schläferte mich ein. Der und der zeugte den und den, war der Bruder von so und so und der Vater von dem und dem. Das geht über Seiten und Seiten und ist keine gewinnbringende Lektüre für junge Leute. Wer die darin enthaltenen moralischen Legenden richtig schätzen will, sollte die Bibel erst lesen, wenn er vierzig ist. Die Erzählung, die mir am meisten gefiel, war selbstverständlich die von Josef in der Grube. Umgeben von Gefahr, schien auch ich nicht die geringste Aussicht zu haben, je aus diesem Loch befreit zu werden. Der Gedanke, den Krieg in Zeist überdauern zu müssen, machte mich ruhelos und übellaunig. Kuperus fand, ich sei nun lange genug in Zeist gewesen; die Nachbarn und die Deutschen von gegenüber kannten mich, ich konnte also wagen, anderswohin zu ziehen. Menschen wie Fuchs, die jüdisch aussahen, brauchten die schützende Dachkammer über ihrem Arbeitsplatz dringender als ich.

Kuperus fand für mich unweit der Gärtnerei eine Schlafstelle bei einer Frau mit einem vierzehnjährigen Sohn und einer siebzehnjährigen Tochter. Die Tochter arbeitete in einer Besteckfabrik, die Mutter ging putzen, der Junge war noch auf der Schule. Eine schlichte Familie. Man sprach mit breitem Akzent, betrachtete mich als etwas »Besseres«, nicht als geborenen Hilfsgärtner von Kuperus. Augenscheinlich stammte ich aus besseren Verhältnissen, denn mein Holländisch kam langsam, und ich betonte die Vokale, wie es gebildete Leute tun. Ich vertrug mich gut mit der neuen Familie. Ich schätzte den mit Kohl angereicherten Kartoffelbrei. Weniger schätzte ich, daß die Familie in der Wanne badete, in der Kartoffeln und Gemüse gewaschen wurden. Ich hatte damals einen geradezu unheimlichen Drang zur Sauberkeit. Ich wusch mich mehrmals am Tag, hielt meine Kleider sauber und ordentlich und muß von dieser sterilen Welt so verseucht gewesen sein, daß ich innerhalb von zwei Jahren alles Jüdische so gründlich abgewaschen hatte wie die Krätze.

Morgens um sieben Uhr verließ ich das Haus, wanderte zwei stille Straßen entlang und meldete mich bei Kuperus zur Arbeit. Arbeit hieß meistens Blumenpflanzen im Garten des Marinestabs. Die einzige Seele außer Brinkman, mit der ich mich unterhielt, war ein Soldat aus Wien, wenn er in dem kleinen schwarz-weiß-rot gestreiften Schildhaus am Eingang Dienst hatte. Er erzählte mir von Wien, das ich aus den Schilderungen meiner Mutter zu kennen vorgab, und auf dieser gemeinsamen Basis vertraute er mir an, daß er überall Mädchen habe und daß ein Mann, der gern eine Menge Weiber hat und mit einer Bißgurn verheiratet ist, nirgendwo besser aufgehoben sei als beim Militär. Er war feist und ältlich, glotzte allen Mädchen nach, die die Straße entlanggeradelt kamen, und fluchte, weil er Dienst hatte, sonst würde er sich gleich an sie heranmachen und unter ihren Röcken verschwinden. Anton (nenn mich Toni) unterhielt sich gern mit mir, denn, so sagte er, er habe gleich den gebildeten Menschen in mir erkannt. Das schmeichelte mir, denn ich wußte, daß ein einfältiger Wiener in der deutschen Marine die Deutschen aus den gleichen Gründen verabscheuen mußte, aus denen ich die deutschen Flüchtlingskinder verabscheute (ihres grauenhaften Deutschs wegen). Toni hätte Jahre gebraucht, um zu begreifen, daß ein »gebildeter« junger Mensch und ein Jude etwas miteinander gemein haben könnten. Über Spinoza konnte ich nicht mit ihm reden. Er hätte bloß gefragt: Was war das? Spinat?

Immerhin ließ ich es mir nicht nehmen, ihn mit schweren Vorwürfen gegen den Papst, die Kirche und alles Katholische zu beeindrucken. Die meisten Wiener, die ja mit dem obligatorischen »Vaterunser« heranwachsen, sobald sie schulpflichtig werden, überlassen sich gern antipapistischen Gefühlen. Nicht nur wußte ich haarklein über Kardinäle und Bischöfe und die Orgien Bescheid, die von Mönchen und Nonnen veranstaltet werden (das ist der wahre Abschaum – pflegte Toni kopfschüttelnd zu sagen –, nicht die Juden, mein Freund, sondern die Katholiken), ich kannte auch die Anfangszeilen zahlloser Lieder, Sinnsprüche und Knüppelreime. Tatsächlich war ich von meiner Fähigkeit, mich mit Wienern anzufreunden, selbst so beeindruckt, daß ich längere Zeit ernstlich erwog, mich vom deutschen Arbeitsamt nach Wien schicken zu lassen. Namen wie Stephansdom, Prater, Kahlenberg, Kärntnerstraße und Wachau konnten wir alle beide nur unter Seufzern aussprechen.

Ich glaube, mit Anton verband mich mehr als mit sämtlichen Granaats und Brinkmans. »Wien bleibt Wien«, sagte man zu Wien, und das will sagen: Ändert die Welt, soviel ihr mögt, und schickt getrost einen Wiener in den Weltraum, wenn er Prater, Grinzing und Steffel hört, wird er gepeinigt zusammenzucken. Warum? Das weiß nur Gott. Das ist Teil der psychischen Distanz, die der Wiener gern zwischen sich und seine Vaterstadt legt. »Psychische Distanz« ist laut meinem Lexikon die Entfernung, die das Individuum hinsichtlich der praktischen Bedeutung oder der Anziehung einer Sache empfindet.

Im August oder September dieses Jahres (1943) kapitulierte Badoglio, floh Mussolini, landeten die Alliierten in Sizilien und bereiteten die Invasion des Festlands vor. Alle Welt wußte, daß die Deutschen den Krieg verloren hatten, doch war es nicht ratsam, dies Fremden gegenüber zu äußern. Das Ende war in Sicht, es kam jetzt nur darauf an, auszuhalten und zu überleben. Es hieß abwarten und die Nerven nicht verlieren. Ich langweilte mich, war ruhelos und wußte nicht, was mit mir anfangen, da ich nicht wagte zu schreiben. Solange ich zurückdenken konnte, war Schreiben, das Anfertigen von Notizen, das Führen eines Tagebuchs, das Konzipieren einer Erzählung, das Niederschreiben eines Gedichts mein liebster Zeitvertreib gewesen. Irgendwas hatte ich immer zu schreiben gehabt. Vor Zeiten in Wien, dann im Flüchtlingslager, in Bussum und in Gouda. Jetzt aber war es gefährlich zu schreiben. Holländische Arbeiter schreiben nicht. Ich wollte nicht, daß mich jemand beim Schreiben ertappte, nicht einmal beim Abfassen einer Postkarte; ein beschriebenes Stück Papier konnte dazu führen, daß eine Gestapoakte mit meinem Namen angelegt wurde. Schreiben war etwas, was ich mir für Friedenszeiten erträumte, etwas Schönes und Wohltuendes, das nur stattfinden kann, wenn einem das Leben wieder erlaubt ist. Jan Overbeek ist ein Gespenst, ein Schatten, ein bedrucktes Stück Karton samt Fingerabdruck und Unterschrift. Leib und Seele dieses Overbeek wandeln in Westerbork zwischen häßlichen Menschen und ihren schreienden Kindern und warten auf den Abruf zur Guillotine.

Das Ende des Krieges kam in Sicht; man schloß Wetten darauf ab. Optimisten setzten ihre Zigaretten auf »höchstens drei bis vier Monate«, Pessimisten sahen noch sechs Monate Krieg voraus. Als die Bombardements und die Partisanentätigkeit hinter den deutschen Linien in Rußland, Polen und Jugoslawien zunahmen, vermehrten auch die holländischen Resistenzler ihre Angriffe auf deutsche Offiziere und deutsches Personal.

Rauter, der Henker, und Seyß-Inquart, der Statthalter, hatten eine »Entschuldigung« für ihre uneingeschränkte Kriegsführung gegen die Zivilbevölkerung. Die gefährlichen Juden waren weg, übrig waren nur noch eine Handvoll besonders privilegierte und reiche Juden; die neue Gefahr drohte also von den Holländern, die zu Tausenden der Resistance beitraten. Um das Entstehen einer Untergrundarmee zu verhindern, gaben es die Deutschen auf, abzuwarten, bis ihre »arischen Brüder« sich freiwillig zur Fahne meldeten. Die Männer zwischen achtzehn und fünfunddreißig wollten einfach nicht, also mußte man sie holen. Angewandt wurden die Methoden, die sich schon im Fall der Juden bewährt hatten. Stacheldraht, mit dem Stadtviertel abgeriegelt wurden; Lautsprecher, um die Leute aus den Häusern zu locken; Patrouillen, um die Widerspenstigen dingfest zu machen. LKW, die Juden zum Theater und nach Westerbork gebracht hatten, entluden Tausende von kräftigen Männern auf offene Güterwagen und Flußkähne, wo sie mit vorgehaltenem Gewehr in überfüllte Laderäume getrieben wurden. Tags darauf entlud man die Überlebenden in einem Lager von Alfred Krupp oder trieb sie zur Zwangsarbeit in unterirdische Munitionsfabriken der IG-Farben.

Es wurde gefährlich, ein Mann zu sein, nur Krüppel und Tattergreise blieben verschont. Wer aufgegriffen wurde, weil er an Mutters Schürzenzipfel nichts mehr zu suchen hatte, wurde einem nicht ungefährlichen Verhör unterzogen. Wollte ich überleben, mußte ich früher oder später nach Deutschland, je eher, desto besser. Auch in Zeist fanden jetzt Razzien statt. Kuperus und seine Blumen konnten den Geruch der Illegalität nicht mehr lange überdecken. »Ich wollt', ich wäre eine Blume, dann könnte ich diesen Herbst vielleicht überstehen«, dichtete ich und spülte dieses handgeschriebene Belastungszeugnis durchs Klosett.

Wie und warum Charles gerade jetzt auftauchte, weiß ich nicht. Man mag es Zufall nennen oder Schicksal: Doch kommen mußte er, und darum kam er. Charles war der Freund der Tochter des Hauses. Er arbeitete auf einem Lastkahn und war schon vor dem Krieg als Matrose gefahren. Gelegentlich, das heißt so alle zwei Monate, wenn sein Kahn in Rotterdam lag, besuchte er seine Liebste. Während ich dort wohnte, kam er zweimal. Das zweite Mal, an einem Sonntag, blieb er zum Lunch, nahm seine Freundin mit ins Gehölz und brachte sie zum Abendbrot heim, von wo er sie dann ins Kino abholte. Bei dieser zweiten Begegnung begrüßten wir uns wie alte Bekannte. Auch er sah zu mir auf als zu einem »gebildeten« Menschen. Möglicherweise schmeichelte es ihm, daß ich sagte, ich könnte mir nichts Schöneres vorstellen, als ihm auf seinem Kahn zu helfen. Die holländischen Lastkähne waren großteils von deutschen Firmen wie Stinnes und Raab-Karcher übernommen worden und fuhren unter deutscher Flagge. Die Kapitäne waren meist Deutsche, viele längst pensioniert, die nun zum zweiten Mal innerhalb von fünfundzwanzig Jahren dem Vaterland dienen mußten. Das gefiel ihnen nicht. In Deutschland arbeiteten die Alten und die Krüppel, also konnten auch die Gesunden und Arbeitsfähigen in den besetzten Ländern arbeiten. Das ist doch nur recht und billig, sagten sie, Krieg ist Krieg, und uns paßt er auch nicht in den Kram.

Charles brauchte ich nichts vorzumachen. Wer drängte sich schon danach, für die Deutschen zu arbeiten? Ich war fast achtzehn und konnte jeden Tag geholt werden. Ich sagte ihm die Wahrheit: Ich möchte lieber auf dem Flußkahn arbeiten, als in der Fabrik schwitzen; ich halte das für interessanter, als Zementsäcke an den Atlantikwall tragen und für abenteuerlicher als die Plackerei auf der Farm. Charles hatte einen Franzosen an Bord (»ein ganz fauler Hund«). Ein dritter Mann, einerlei ob unerfahren oder ausgelernt, ist der reine Luxus, denn er verrichtet die Dreckarbeit, schleppt Proviant an Bord, kocht, säubert die Kajüte, und das alles neben dem üblichen Anstreichen und Scheuern, dem Zu- und Aufdecken des Laderaums. Ein dritter Mann ist immer nützlich, und wenn man einen zu fassen bekommt, hält man ihn fest.

»Eines kann ich dir versprechen, Jan, langweilen wirst du dich nicht.«

Ich wollte so bald wie möglich weg. Von Zeist hatte ich mehr als genug, und Toni, der immer neue Wiener Liedchen wußte, die ich unbedingt lernen müßte, falls ich sie nicht schon kannte, der läppische Witze wiederholte, die ich beim letzten Erzählen vielleicht überhört hatte – diesen Toni hatte ich satt. Brinkman samt seinen Bordellphantasien hing mir zum Hals raus, denn sie hinderten mich am Schlafen; und die wortlosen Unterhaltungen mit Piet aus Antwerpen, das gegenseitige Anstarren beim Pflücken von Blumen oder Erdbeeren konnte ich gut entbehren.

Auch in Zeist gab es jetzt Razzien. Bald würde man sich unter den Erdbeeren verstecken müssen. Ich sah mich am Ruder der *Matthias Stinnes 72* das offene Meer befahren, eine Zigarette im Mundwinkel, den Klang der Mundharmonika vom Achterdeck im Ohr. Auf der Reise zum Kap der Guten Hoffnung, wo wir Zimt und Elfenbein für Bombay laden.

»Wie komme ich auf deinen Kahn, Charles? Muß man da nicht eine Ausbildung haben? Weißt du bestimmt, daß der Kapitän mich nehmen wird? Ich bin nie im Leben auf einem Schiff gewesen.«

»Keine Angst, Jan, der nimmt dich schon.« Und als ich immer noch besorgt dreinsah, sagte Charles: »Wenn er nicht will, packe ich meinen Kram zusammen und gehe auf einen anderen Kahn. Na, was meinst du?«

Ich bezweifelte, daß Charles' Weggang dem Kapitän was ausmachen würde, denn ich wußte nicht, daß der Kapitän wegen der herrschenden Knappheit an Arbeitskräften und dem Geraufe der deutschen Firmen um die verfügbaren Fremdarbeiter nur sehr ungern einen erfahrenen Matrosen an einen Konkurrenten verloren hätte. Und wenige Tage später fand ich folgende Benachrichtigung in der Post: »Wir sind in Rotterdam, Kilometer 322, *Matthias Stinnes* gegenüber der Raffinerie. Alles klar, du kannst kommen.« Ich sagte Kuperus Bescheid. Ich brauchte einen Paß. Das Schiff würde auf seinen Fahrten mehrere Grenzen überschreiten, die holländische, belgische, deutsche, vielleicht gar die französische. Ich brauchte einen Paß, sonst wartete kein Kahn auf mich in Rotterdam. Kuperus, glücklich, einen Schützling loszuwerden, versprach einen Paß und brachte ihn auch nach drei Tagen. Ich ging mit zwei Paßbildern aufs Rathaus und unterschrieb.

Von meinem Lohn (Kuperus zahlte den üblichen Lohn) kaufte ich mir eine neue Haut. Kräftige Kordsamthosen, einen blauen Pullover mit Rollkragen (achtzig Punkte von der Kleiderkarte) und eine blaue Schiffermütze (vier Punkte). Ich ließ mir die Haare kurzschneiden, denn kurze Haare machen den Arier, holte zwei silberne Ringe ab, die ich in Auftrag gegeben hatte; einer trug die Initialen meiner neuesten Liebsten, der ich den Ring an eine Deckadresse schickte, zusammen mit einem kleinen Brief. »Ich fahre nun nach Deutschland und weiß nicht, wann ich wiederkomme. Ich werde dich aber ewig lieben.« (Und wie sehr liebte ich ihren runden Popo!) Den anderen Ring, mit J. O. darauf, trug ich selbst. Ich verabschiedete mich überall, auch bei Toni, dem ich versprechen mußte, ihn nach dem Krieg in Wien zu besuchen, und nahm den Zug nach Rotterdam.

Ich war in bester Stimmung. Der Weg, mein Weg, führte nicht über die Pyrenäen nach Spanien und nicht über Vichy-Frankreich in die Schweiz; ich scheute jetzt jeden anderen Ort als die Höhle des Löwen. Im Rachen des Ungeheuers würde ich weder seine Zähne noch seine Klauen fürchten müssen. Länger in Holland bleiben, hieß den Zorn der Götter heraufbeschwören; wenn ich die Götterdämmerung überleben wollte, mußte ich allein den Olymp besteigen.

Als ich am 2. November 1943 an Bord der *Matthias Stinnes 72*, 1400 Tonnen, Heimathafen Duisburg, nach Deutschland einfuhr, überschritt ich einen Meridian in ein neues Selbst. Die kleine Stadt Emmerich an der deutsch-holländischen Grenze war die Schwelle zu einer neuen, verständigeren Weltbetrachtung. Im nachhinein erscheint das wie Wahnsinn. Ich war erwacht – aus einem Schlaf, Kindheit genannt, und aus einem Traum, der Leidensweg der Juden hieß –, erwacht in eine Welt der krassen Tatsachen. Die neue Welt war der Strom. Wie alle Schiffer liebte und haßte ich meinen Kahn und schüttelte schon bald alle sentimentalen Bindungen an Wien, die Juden, Jerusalem und die Familie ab und über Bord. Sie trieben eine Weile im Kielwasser wie ein Hundeleichnam und gerieten allmählich außer Sicht.

Jetzt, da man unter falscher Flagge segelt, ist es Zeit, nachzudenken über »Gott und die Welt«. Ob man das Deck wäscht, das Essen zubereitet, die Kajüte schrubbt oder am Ruder steht, sogar in den Kneipen, unter lärmenden Trinkern, ist Zeit zu »denken«. Denken ist die Freiheit, man selbst zu sein. Und was denke ich? Erstens! Dies geschieht nur einmal im Leben, nach diesem Krieg wird es keinen mehr geben. Zweitens! Dieser Krieg wird uns alle verändern. Armeen und Fahnen, Orden und Fangschnüre werden auf den Abfallhaufen enden. Nach diesem Krieg werden wir eine neue Welt haben. Sie wird nie mehr die alte sein. Nie wieder. Dies ist ein großer Krieg, und wenn dieser Krieg vorüber ist, wird es ewigen Frieden geben.

Was ich denke? Ich denke, sie wollen es nicht wahrhaben, und wahrhaben (die Niederlage) wollen sie es nicht, weil sie wissen, daß sie schlecht sind. Ich bin bereit, mich ihnen mit falschen Papieren zu stellen. Niemand weiß, wer ich bin. Sieht mich jemand an, so starre ich zurück, bis er wegsieht. Was denken sie denn, diese Idioten? Daß ich weniger gerissen bin als sie? Sie wollen, daß ich eingestehe, Jude zu sein, daß ich den gelben Stern trage, willig in den Tod gehe. Das will ich aber nicht. Ich weigere mich. Holt mich doch, wenn ihr mich findet. Sucht ihr schon nach mir? Nein. Ob du am Leben bist oder tot, kümmert keinen. Das tut weh. Woher weiß ich, daß sie mich nicht suchen? Weil sie mich nicht finden. Trotz der Polizisten und der Gestapo, trotz vieler hundert Denunzianten und einer willfährigen Bevölkerung finden sie mich nicht. Warum kommen sie nicht, mich zu erschießen? Weil sie mich nicht wollen, ich bin ihnen einerlei. Ihnen. Der Welt. Ich bin gar nicht vorhanden. Gut ist es zu leben, wenn man tot ist. Ich finde das Leben abenteuerlich, gefährlich, lustig. Zunächst einmal macht es Spaß, fremde Länder zu sehen, Belgien kannte ich nicht, und in Deutschland war ich nie gewesen, hatte aber viel von der schönen Lorelei gehört, von den verträumten Burgen im Rheintal, von grünen Hängen und Weinbergen. Ich sah das schwarze, häßliche Ruhrgebiet. Hart, schwarz, rauh, Ruß, Dunst, Nebel – gespenstische Schemen, die Feuer und Rauch speien. Deutschland ist schön. Brennend oder nicht. Ich wußte gar nicht, daß ich Feuersbrünste so liebte. Jedes brennende Haus ist ein Haus weniger. Jeder tote Deutsche ein Feind weniger. Der Krieg tötet die richtigen Leute, er brennt die richtigen Häuser nieder (endlich einmal). Dies ist nicht Rotterdam im Jahr 40, was da ausradiert wird, ist Mannheim, und das Jahr ist 44. Mannheim oder Koblenz, München oder Köln, Hamburg oder Berlin. Ich denke: Was macht das schon? Jede Bombe ist eine gute Tat. Wer die Mörder tötet, trägt jedenfalls zur Befreiung der Gefangenen bei.

Alle, die mit ihren dreißig Pfund Gepäck abgezogen sind, sterben jetzt in Lagern, und sie alle, so denke ich, würden mit Vergnügen hören, daß Deutschland jetzt in die Luft gesprengt und niedergebrannt wird. Es regnet Bomben. Und jeder kann mit eigenen Augen sehen: Die Bomben sind nicht mit Leberwurst gefüllt. Der Krieg ist der Krieg ist der Krieg. Ich wollte, ich könnte es ihnen erzählen. Wenn ich könnte, würde ich sagen: Keine Sorge, Freunde. Ich würde sagen: Die Deutschen werden umgebracht, ihre Häuser sind Schutthaufen, Gas und Wasser bleiben aus, Kohlen kriegen sie nicht mehr. Die Hausfrauen murren, die Invaliden schauen trübe drein, die Soldaten sind müde – alle sind schlechter

Laune. Sie trinken, um ihre Sorgen zu vergessen. Sie haben wirklich Sorgen. Nicht lange mehr, Freunde (würde ich sagen, wenn ich könnte), bald ist es vorüber. Die Lumpen, die jetzt in ihren schwarzen Stiefeln umherstolzieren, wird man aufhängen, wird sie aufhängen und totschießen, wird sie mitsamt ihren Orden beerdigen, ein Haufen Schutt wird alles sein, was von der hübschen Landschaft übrigbleibt. Haltet nur noch ein wenig aus, Freunde, das Ende ist nahe.

Wie sollte es nach diesem wieder einen Krieg geben? Ich denke: Was soll man dann noch bombardieren? Wo doch von einem Haus nichts mehr übrig ist als der Kamin und zwei Backsteine? Wie viele kann man verhaften, verschicken und umbringen? Doch reden ist unmöglich. Zwei Worte zuviel, und man landet hinter Gittern. Dort wird man mit Daumenschrauben befragt, und tags darauf stirbt man in einem trüben Hinterhof. Es ist Krieg. Das Ende ist abzusehen. Aber es kommt nicht rasch genug. Wo immer Deutsche sind – auf dem Balkan, in Griechenland, in Bosnien, in Polen, in der Ukraine, in Frankreich, in Belgien, in Holland, in Dänemark, in Norwegen –, wo immer Deutsche sind, da sind auch Feinde dieses Gesindels, und die Feinde der Deutschen schlafen nicht. Die Zeitungen verbreiten haufenweise Lügen. Jede Niederlage wird in einen Sieg umgelogen. Erfolgreiche Gegenstöße werden eigens erfunden, um die öffentliche Meinung zu beschwichtigen. Das mögen sie doch erzählen, wem sie wollen.

Aber ich – Jan Gerrit Overbeek –, ich kenne die Wahrheit. Ich kann alles mit eigenen Augen sehen, ich brauche nicht zu denken, ich kann sehen. Ich sehe Leben und Tod in Bildern – einen Strom, eine Brücke, weiße Häuser, einige Bäume, eine grüne Wiese, gelbe Blumen, rote Äpfel, rote Erdbeeren –, gelbe Bilder. Das Gelb von Brot und Käse. Gelbe Haut. Gelber Kindergarten. Gelbe Gedanken. Verängstigt. Gelbes Holland. In Deutschland sind die Farben stärker: mehrere Rosa, Lila, Weiß, Purpur – ein helles Violett. Deutsch. Bomben. Kähne. Wasser. Angst. Angst. Die Häuser entweder lichterloh oder angenehm bunt. Jedes Tal ein schönes Tal – jede Wiese, jeder Fluß, jede Brücke ist schön. Alles übrige ist in Flammen aufgegangen. Daheim fern von daheim. In den Bierlokalen Ukrainer. Sonntag. Sie tragen ihre wattierten Jacken, ihre Schuhe haben Holzsohlen. Ostarbeiter tragen auf dem Rücken ein O. Sie löschen und laden, sie legen Geleise, kleine Trupps marschieren zur Baustelle, die Füße zum Schutz vor der Kälte mit Lappen umwickelt. Alter russischer Brauch – Lappen halten die Kälte viel besser ab als die mit Kaninchenpelz gefütterten Papierstiefel, die man auf Bezugscheine statt Leder bekommt. Ich liebe die Russen und die Ukrainer und ihre traurigen Melodien. Sie sind meine Freunde.

Meine Freunde sind auch die Betrunkenen, die Huren, die Schmarotzer jeder Art, meine Freunde sind Matrosen, Soldaten und Zimmerleute. Heinrich ist Zimmermann, er arbeitet aber nicht. Beim Militär wollen sie ihn nicht. Seine Lungen sind immer noch verseucht vom Gas des Ersten Weltkriegs, und er lebt vielleicht nur noch Monate. Heinrich hat zwei Freundinnen. Seine Kneipe ist der Anker. Im Anker treffen wir uns. Der Anker ist die wüsteste Kneipe in Duisburg-Bottrop. Heinrichs Freundinnen sind sechzig und zwanzig. Mutti – so wird sie von allen genannt – ist sechzig und Inge ist zwanzig. Beide gehören Heinrich. Wenn er übers Wochenende heimfahren muß, zu seiner Frau, vertraut er sie mir an. Ich darf beide mit nach Hause nehmen. Inge ist betrunken, sie kotzt auf den Fußboden und auf die Tische, sie menstruiert. Mutti kann mit ihrer Untermieterin allein nicht fertig werden. Die Damen wohnen miteinander, denn Muttis Sohn ist eingezogen und Gott weiß wo. Mutti ist nicht gern allein. Wir zerren Inge vom Ausschank weg, schleppen sie die Treppe hinauf, bringen sie zu Bett. Sie schnarcht, sabbert, furzt. Mutti geht in ihr Zimmer und packt Feldpostpäckchen für den Sohn an der Ostfront. Sie bewahrt tausend kleine Gegenstände in Weckgläsern und Blechdosen auf – sonderbare alte Dinge. Sie sagt: Jetzt geh und schlaf bei Inge, aber benimm dich, sie ist schließlich krank.

Ich erwidere: Wie ein Edelmann. Ich gehe hinein, das Zimmer ist voll Alkoholdunst; ich lege mich neben Inge und möchte sie bürsten, doch wäre es unfein, weil die Dame betrunken ist, und ich lasse es. Sogleich heißt es überall, ich hätte von Inge keinen Gebrauch gemacht; jeder andere hätte es selbstverständlich getan. Ich hatte gehandelt wie ein feiner Mann. Ich mußte also wahnsinnig sein. Das unterschied mich deutlich von den anderen Schiffern. Ich war der Intellektuelle unter ihnen. Ich las gute Bücher, versteckte sie aber. Ich machte Eintragungen in mein Tagebuch und tat so, als schriebe ich Briefe an einen Bekannten. Diese Seiten riß ich später heraus. An meinem Benehmen war vieles verdächtig und hätte mich in Schwierigkeiten bringen können.

Zum Glück sind wir nie zu lange am gleichen Ort. Es dauert zwei, höchstens drei Tage, den Kahn zu laden oder zu löschen. Wir transportieren Kohle, manchmal auch Ingot, die Stahl- und Eisenreste aus den Fabriken. Die Holländer kennen einander, und den meisten kann man auch trauen, besser aber ist es, den Mund zu halten. Unter den Matrosen mochte ich etwas sonderbar wirken, etwa weil ich keine betrunkenen, kotzenden, menstruierenden Huren puderte, doch nur ein einziges Mal sagte jemand im Scherz, als wir in Heilbronn beim abendlichen Rum saßen: »Jan ist wie ein richtiger Jude. Er weiß alles.« Selbstverständlich redete ich von Gott und der Welt, sobald sich Gelegenheit bot, von was anderem zu reden als von Mädchen. Ich stand auf und knallte dem Jungen eine, der versucht hatte, mich zu beleidigen. »Das ist kein Scherz mehr«, sagte ich. »Ich gebe zu, daß ich die Scheißdeutschen nicht leiden kann, aber keiner soll mich einen Juden nennen.«

»Die Juden sind doch in Ordnung! Reg dich nicht auf.«

»Ich kann sie aber nicht leiden«, sagte ich. Da entschuldigte er sich.

In Mainz, zwei Tage darauf, besuchte ich eine bekannte Tanzdiele, die sich an der Stelle befand, wo bis zur Brandlegung im Jahr 1938 die große Synagoge gestanden war. In die

Säule, die das Behelfsdach trug, war die Marmorplatte mit den Namen der Synagogengründer eingelassen. Weitere Spuren dieses sonderbaren Volkes, das tausend Jahre am Rhein gelebt und sich nun in Luft aufgelöst hatte, entdeckte ich nicht. Auch ich gehörte zu diesem sonderbaren Volk, auch ich war unsichtbar, ebenso wie sie.

Ich trug wieder meinen »Gestapohut«, den grauen mit der heruntergeklappten Krempe, den ich bei meinem Abzug nach dem »Erdbeben« vom 20. Juni getragen hatte. Mit der heruntergeklappten Krempe und dem hochgeschlagenen Jackenkragen warf ich den Schatten eines Kriminellen, eines Einbrechers, er kann aber auch einem Spion gehören oder einem Detektiv. Die Art von Schatten, bei deren Anblick man sich fragt: »Halt, wer geht da?« Und etwa zu der Zeit, als ich jene Requisiten anlegte, die meinen Schatten an jeder Wand zum Umriß eines Verdächtigen machten, erschien überall im Land ein Plakat. Man sah es in Schaufenstern, Büros und Bahnhöfen; man sah es (verkleinert) an den Straßenbahnfenstern, zwischen der Reklame an Autobussen. Dieses Plakat zeigte den Schattenriß eines Mannes mit heruntergeklappter Hutkrempe und aufgestelltem Mantelkragen. Darunter stand: »Pst! Achtung – Feind hört mit.« Es sollte die Leute daran hindern, zu Fremden und Ausländern über ihre Arbeit zu sprechen, über Bombenschäden oder über Waffen- und Fahrzeugtransporte, die sie auf der Eisenbahn vorüberrollen sahen. Schwatzt nicht, wollte es sagen, die Feinde Deutschlands sind überall. Zweieinhalb Millionen ausländische Arbeiter im Reich, davon vielleicht ein paar tausend freiwillig – es gab also genug feindliche Ohren, und viele davon (ich ausgeschlossen) horchten für den Widerstand, spionierten und sabotierten, und doch wirft nicht ein einziger dieser Ausländer einen Schatten, dem meinen vergleichbar.

Damals wurde mir klar – auf dem Rückweg vom Anker durch die verschlafene Stadt nur wenigen Betrunkenen begegnend und einigen Polizisten, aber Hunderten von Plakaten, die im gesamten Reich nur einen einzigen Mann suchten –, daß ich unsichtbar war. Da niemand in mir den Mann auf dem Plakat erkannte, kein streifegehender Polizist im Hafen und kein Mädchen hinter dem Ausschank, kein Feldgendarm und keine Amtsperson auf der Kartenstelle, muß ich völlig verschwunden gewesen sein. Damals kam es mir nicht in den Sinn, daß ich so alt aussehen könnte, wie ich war. Siebzehn. Siebzehn vielleicht für andere, doch mein wirkliches Alter betrug die doppelte Zahl von Jahren. J. L. war siebzehn, J. O. war achtzehn. 1944 war ich also 35 Jahre alt, und damit bin ich heute achtundfünfzig. Und es dürfte nicht überraschen, daß ich mir jung vorkomme, wenn mir mein Paß sagt, daß ich 1927 geboren bin.

Aber ganz stimmt das nicht. Geboren bin ich irgendwann im Juni 1944. In Ludwigshafen. Wir hatten festgemacht und lagen mit unserer Kohleladung tief im Wasser. Es war Zeit zu essen. Der Fliegeralarm klang wie die Mittagssirene. Winzige silberne Flügelchen zitterten da oben am hellblauen Himmel vor der Sonne. Tausend vielleicht. Vielleicht mehr. Wer kann sie zählen? Sie kommen, wann sie Lust haben. Die Luftwaffe ist nicht mehr da. Göring, der Maier heißen wollte, falls nur ein einziges feindliches Flugzeug in den deutschen Luftraum eindrang, dieser Göring konnte nicht einmal mehr einen Fieseler Storch starten lassen. Sie kommen, wenn es ihnen paßt. Wer die Silberflügel unter Gottes Thron zittern sieht, braucht für gewöhnlich keine Angst zu haben, mögen die Sirenen noch so hysterisch heulen. Diesmal war es aber anders. Von oben schien nichts zu fallen, sondern es war, als explodiere die Erde selbst. Wir, Theo und ich (ich fahre derzeit auf der *Hugo Stinnes 30*), wollten gerade essen. Es gibt geräucherte Würstchen zum Stamppot (Kartoffelbrei mit Kohl), ein besonders gutes Essen. Es ist jetzt ein Jahr her, daß ich aus der Retiefstraat fort bin, Grund zum Feiern. Wir haben drei Flaschen Wein, drei große Flaschen, billig, direkt aus einer Kellerei in Nierstein, alles ist fertig zum Feiern – da explodiert die Erde. Ich stehe auf, ich will an Land. Falls nötig, springe ich ins Wasser. Theo will nicht von der Stelle.

»Scheiße, bleib doch hier, Jan.«

»Bleib ruhig, wo du bist.« Und schneller als die Katze hinter der Maus springe ich über drei Kähne weg, halte im Sprung ein, wie die Gemse auf der Klippe, schneide mir fast den Hals durch an einer Stahltrosse, und bin am Ufer. Der Tag der Abrechnung ist da. Die Erde tut sich auf, um alles zu verschlingen, was atmet. Man kann sich nirgendhin flüchten. Ich lasse mich in einen frischen Trichter rollen, vielleicht zwei oder drei Meter tief. Die Erde ist trocken und gelb, nirgendwo ein Tropfen Wasser. Ich liege im Krater des Vulkans (angeblich fallen nie zwei Bomben auf die gleiche Stelle). Ich liege dort und kann kaum die Detonationen hören, dafür bin ich zu tief unten, ich sehe auch nichts als das Innere dieses frisch ausgehobenen Grabes. Ich bin gut aufgehoben bei meiner Mutter, bin in ihrem Bauch – ich und ein kleines Insekt, das einen Stein erklettert und sich vorkommt wie im Himalaya, wir sind die einzigen Überlebenden. Ich höre Vögel, sehr laut, sehr aufgeregt, sehr nahe.

Ich klettere langsam hinauf, weil ich mehr sehen will von dieser Welt. Zwei, drei Explosionen. Dann völlige Stille. Die IG-Farben brennen, Leute rennen in alle Richtungen. Mitten im Strom sind Kähne, ein Zug passiert die Brücke. Schiffe fahren stromauf, stromab. Von der *Hugo Stinnes 30* ist aber nur das Achterschiff übrig, und die Kähne daneben scheinen im Sinken begriffen. Was ist in diesen 45 Minuten geschehen? Ein langgezogener, greller Ton, als ob einem einer ins Ohr schreit. Entwarnung. Eine neue Wiedergeburt im Jahr 1944. Ich habe Glück gehabt. Man stelle sich vor ... und kann es doch nicht. Ich bin am Leben und möchte mir die Hände waschen. Ich bin am Leben und hungrig, und um die Wurst, den Wein und das Essen, das jetzt die Fische haben, ist es mir leid. Aber zusammen mit Theo und seinen Freunden werden sie es sich schmecken lassen.

Diese Therapie, die apokalyptische Therapie, kurierte viele Beschwerden. Ich war hungrig, ich streckte mich im Gras aus, ich brannte eine Zigarette an und dachte: »Das ist es.«

Wer die Erde unter sich hat klaffen sehen und aus seinem eigenen Grab hervorgegangen ist, der fliegt höher als eine fliegende Festung. Man bleibt oben. Mannheim und Ludwigshafen brennen. Man muß auch mal die positive Seite sehen. Ich kroch im Juni 1944 in Ludwigshafen aus dem Mutterleib, und darum bin ich heute vierundzwanzig. Es dürfte darum nicht überraschen, daß ich mir alt vorkomme, wenn ich in meinem Paß lese: geboren 1927. In Ludwigshafen und Mannheim, in Heilbronn und Duisburg, in Leverkusen und Herne und in weiteren zwei Dutzend Städten wurde ich mindestens zweimal die Woche geboren und wiedergeboren.

Charles kam um, Theo war tot, und ich fuhr nach Duisburg, um einen anderen Kahn zu suchen. Die *Matthias Stinnes 18*. Kein so guter Kahn wie mein voriger. Die Kajüte feucht und schimmelig, der Herd viel zu groß, nicht genug Platz für den kleinen Tisch, zwei Stühle, die Doppelkoje und zwei junge Männer. Der Schiffer, ein alter Mann aus Heidelberg, so um die fünfundsiebzig. Er hieß Bacher. Seine Frau war kaum jünger als er. Der einzige Lichtpunkt in dieser Familie war die Tochter von Mitte zwanzig, die gelegentlich für ein paar Tage an Bord kam. Bacher, dessen Hände unentwegt zitterten, war ein großmäuliger, jähzorniger Greis, der keinen Satz ohne das Wort Scheiße bilden konnte, obgleich seine Frau ihn mit einem vorwurfsvollen: »Aber Eduard, muß denn das sein?« ermahnte. Es mußte sein. Am 20. Juli und nach der Verhaftung der Generäle hatte Bacher sich schadenfroh der offiziellen Meinung angeschlossen und »diese Banditen, die uns in den Rücken fallen«, verflucht.

Nach dieser Bemerkung fand ich, es sei Zeit, meinen eigenen Sabotagekrieg gegen das Reich zu beginnen, einerlei, welche Folgen das haben mochte. Ich arbeitete also langsamer. »Beweg schon die Beine, du Scheißkerl, du Scheißholländer, schneller, du Arschloch, du holländischer Schweinehund.« Hätte er geahnt, daß ich außerdem ein Saujude war, er hätte mich eigenhändig über Bord gestoßen, wissend, daß ich nicht schwimmen konnte. Wir zankten uns unaufhörlich. Und als der Krieg eine bessere Wendung für uns nahm, wurde ich selbstbewußter, ja, vergaß mich einmal so weit, daß ich das für einen Deutschen beleidigendste Ansinnen an ihn richtete: *»Lecken Sie mich am Arsch.«* Anders als die übrige Welt haben die Deutschen kein Gegenstück zu dem vielfältig verwendbaren Wort »fucking«. Das entsprechende Wort, ficken, kann nur benutzt werden zur Beschreibung eben dieses Vorgangs. Was die Angelsachsen als schmutzig und daher als beleidigend empfinden, bedeutet den Deutschen nichts. Für die Deutschen bedeutet Schmutz nur, was mit den *faeces* und dem Anus zu tun hat. Daher gelten Wörter wie Arsch, Scheiße, Arschloch und Leck mich am Arsch als »wirkliche und schwere Beleidigungen«; und sie dürfen nur von Vorgesetzten gegenüber Untergebenen gebraucht werden. Beleidigen ist das Vorrecht der Mächtigen. Ein Direktor, ein Polizist, ein Kapitän kann seine Untergebenen nach Herzenslust beschimpfen. Wer aber seinen Vorgesetzten auffordert, ihn am Arsch zu lecken, der begeht Vatermord. Revolte gegen das zerbröckelnde Hitlerreich durch langsame Arbeit (so sehr bewußt geschah das nicht – die halbe Zeit war ich ohnehin mehr oder weniger im Schlaf), meine an Bacher gerichtete Aufforderung: »Lecken Sie mich am Arsch!« provozierte offensichtlich das Reich. Leckt mich am Arsch, Himmler, Rauter und Seyß-Inquart, ich bin holländischer Arbeiter, mein Name ist Overbeek, und ich bin freiwillig hergekommen, um (mir) zu helfen. Den ersten Teil dieses Satzes und das eingeklammerte »mir« behielt ich für mich, als ich vor zwei Zivilpolizisten (Gestapo genannt) wiederholen mußte, was ich dem Schiffer gesagt hatte. Ich hatte die schlimmste Beleidigung gegen die höchste Autorität gebraucht. »Ich bin holländischer Arbeiter, mein Name ist Overbeek«, wiederholte ich. »Ich bin freiwillig hergekommen, um zu helfen, und der Schiffer läßt mir keinen Augenblick Ruhe, dauernd schreit er mich an. Ich kann nichts dafür, daß ich ungeschickter bin als der Bootsmann, der ist gelernter Matrose. Ich kann mir bloß

Mühe geben.« Die Deutschen lieben ein Geständnis (wie die Russen).

Ich mußte versprechen, mich zu bessern, sonst würde ich mir ein Straflager von innen ansehen dürfen. Buchenwald, Dachau, Oranienburg und Auschwitz hatten ihre besonderen Straflager für den Fall, daß jemand versuchte, sich der Vergasung und den Hinrichtungen zu entziehen. Von den Gaskammern wußte ich nichts, aber ich wußte wie alle übrigen, daß Straflager bestenfalls eine Grube im Sand ist. Ich besserte mich nicht. Ich ließ die Gestapo an der Schleuse von Herne stehen, wild entschlossen, meinen Krieg gegen Bacher und sein Vaterland zu intensivieren, indem ich noch langsamer arbeitete; allerdings wollte ich ihn, nachdem er mich so angeschissen hatte, nicht noch einmal auffordern, mich am Arsch zu lecken.

Die Methode bewährte sich mehr oder weniger. Im Grunde wollte der Schiffer mich behalten, denn Klaas, der Erste Matrose, hätte sofort Krach geschlagen, wenn er den Kahn allein mit einem achtzigjährigen Pärchen hätte versorgen müssen. Es ging also nach dem Verhör eine Weile ganz gut. Ich hatte nur Mädchen im Kopf. Es war schwer, welche aufzutreiben – wir blieben nie lange genug an einem Ort. Die Mädchen in den Lokalen waren meist Professionelle, und man hatte gute Aussichten, mitten in der Arbeit eins über den Schädel zu kriegen und ausgeraubt zu werden. Bei den sonstigen Mädchen, deren Bekanntschaft man machen konnte – Verkäuferinnen, Angestellte, in schäbigen Tanzdielen oder auf der Straße –, war das Risiko noch größer. Syphilis und Gonorrhöe (Kavalierskrankheit nennen die Deutschen aus unerfindlichen Gründen den Tripper) waren weit verbreitet. Gesünder war es, daheim zu bleiben und zu masturbieren. Aber das machte mich müde und übellaunig. Ich dachte also über Mädchen nach, wie sie aufzutreiben und wohin sie zu bringen, wenn man sie hat. Die Mädchen wohnten meist daheim bei den Eltern. Sie in ein Hotel mitzunehmen, hatte ich weder Neigung noch Geld. Die Anmeldung im Hotel konnte mich nicht locken. Tempel der Liebe waren also ausgebombte Häuser, spärliche Grasflecken zwischen Fabriksmauern, eine überwachsene Müllhalde, die Mauer des Hundeasyls am Stadtrand.

Ich war siebzehn, ich wollte und brauchte eine Freundin. In Frankfurt (Main) fand ich eine. Sie hieß Natascha, war also Russin, oder genauer Ukrainerin, aus Kiew. Wohl weil sie hübsch war und auch gebildet, wahrscheinlicher aber, weil sie mit ihren blauen Augen und dem dunklen Haar genauso aussah wie ein hübsches deutsches Mädchen, hatte man sie nach einem Jahr aus der Fabrik geholt, und sie durfte jetzt im Haushalt arbeiten. Ich möchte fast glauben, daß Natascha Jüdin war, sie hatte jedenfalls jüdische Augen. Wir haben darüber nicht gesprochen. Sie führte den Hund aus, einen großen Wolf, wie mir vorkam, unweit von ihrem Arbeitsplatz. Ich, auf der Suche nach Mädchen, warf ihr eine Bemerkung hin, und sie lächelte zurück. Wir spazierten in den Anlagen am Fluß, saßen miteinander auf einer Bank, ich schaute in ihre Augen, fand dort etwas Angenehmes und Vertrautes und war bereit, ihr ans Ende der Welt zu folgen. (Ausländer durften sich nicht weiter als dreißig Kilometer im Umkreis aus der Stadt entfernen ohne besondere Reiseerlaubnis von Arbeitsamt und Polizeibehörde.)

Ich weiß nicht, ob ich sie am ersten Tag in den Anlagen schon heiraten wollte; gewiß versprach ich ihr die Ehe für sofort nach dem Krieg. Ich rechnete mir nämlich aus, daß sie als Russin vermutlich zu jenen soliden Mädchen gehörte, die nichts dabei finden, es mit ihrem Verlobten zu machen. Zunächst einmal verabredeten wir uns für die folgende Woche. Mein Kahn mußte repariert werden, wir blieben mindestens vierzehn Tage im Osthafen.

Drei Tage darauf kamen die kleinen Silberengel und pusteten den Osthafen weg. Die Stadt brannte von einem Ende zum anderen. Unser Kahn bekam nichts ab. Ich zählte die Stunden bis Donnerstag. Donnerstag um zwei an derselben Stelle in den Anlagen, gegenüber einem wenig benutzten

Luftschutzbunker, wo man sich lieben konnte, falls nicht gerade ein Angriff im Gang war. In diesem Bunker wird es passieren, das wußte ich genau, wenn ich auch nicht genau wußte, was wir unterdessen mit dem Wolf anfangen sollten. Um zu dieser Verabredung so schön wie möglich auszusehen (Natascha war viel hübscher als meine holländische Freundin, ich liebte sie deshalb bereits viel mehr), wollte ich mir neue Schuhe kaufen, für die Geld und Bezugschein schon bereitlagen, nur hatte mir bislang die Zeit zum Einkaufen gefehlt. Ich lief vor der Mittagspause in die Stadt. In sechs Geschäften gab es nur schwarze Schuhe. Braune Schuhe sind derzeit nicht modern, sagte man mir. Aber schwarze Schuhe deprimierten mich, ich wollte nichts Schwarzes an mir haben. Im siebenten Laden fand ich die Farbe, die ich suchte, nicht aber die Größe. Es gab nur die nächstkleinere Größe.

»Zu klein«, urteilten die Verkäuferinnen.

»Trotzdem kaufe ich sie.«

»Die Füße werden Ihnen weh tun«, meinten die Mädchen.

»Noch merke ich nichts«, sagte ich. Lieber wäre ich Natascha ohne Hemd und Schlips begegnet als in schwarzen Schuhen.

Schwarze Schuhe hätten für mich das Blau ihrer Wolgaaugen verfärbt. Braune Schuhe. Ich zog sie an. Mir blieben nur noch drei Viertelstunden, davon eine halbe Stunde Fußmarsch. Ich ging eine der Hauptstraßen entlang, mit Bänken unter Bäumen, sonst hätte ich es nicht geschafft. Ich setzte mich auf jede Bank, zog die Schuhe aus und rieb mir die Füße. Ich wußte, ich würde es nie schaffen. Es war zehn vor zwei, mindestens fünf Minuten kam ich zu spät. Die letzten fünf Minuten stapfte ich durch Dantes Hölle. Die braunen Schuhe waren aus weißglühendem Eisen gemacht, nicht aus Holz und Leinwand.

Natascha und der Wolf warteten. Gentleman, der ich war, wollte ich ihr mit meinen Klagen nicht zur Last fallen, darum sprachen wir von Kiew und Amsterdam. Ich verwandelte mich in einen Dichter und sagte ihr eines der schlimmsten aller jemals geschriebenen Gedichte auf, doch russische Mädchen schätzen Jünglinge, die Gedichte aufsagen. Das merkte ich daran, daß sie allem, was ich sagte, mit jenem Augenausdruck zuhörte, den man fürs Konzert oder Theater reserviert. Sie streichelte mich mit den Augen, als ich aus dem Gedächtnis zitierte (und ich habe es noch, es ist datiert vom 27. Oktober 1941).

Ein Schattentanz, bergauf, bergab,
verwelkte Blumen auf das Grab,
das ist das ganze Leben.

Er glaubt, er ist schon riesengroß,
dann packt auch ihn das sich're Los,
und wirft ihn in die Tiefe.

Kein Hahn, der kräht,
kein Hund, der bellt,
auf großen Rädern dreht die Welt
sich vorwärts, immer weiter.

Und da ihr das gefiel, dem armen Kind, rezitierte ich auch noch folgendes heitere Verslein (zum Glück datiert vom 16. Oktober 1941, sonst könnte ich es hier nicht abdrucken):

Verlier nicht den Mut,
vergiß deine Qual,
denn in des Abends Glut,
scheint die Sonne noch einmal.

Sie küßte mich sanft auf die Wangen für diese verschwöreri-schen Worte. »Gib die Hoffnung nicht auf, der Krieg ist bald vorüber«, sagten die Verse in Wirklichkeit. Sie begriff. Wir hielten uns an den Händen, als wir in den Bunker gingen. Den Hund banden wir am Eingang fest. Doch nicht einmal auf der Pritsche mit dem Strohsack wagte ich die Schuhe auszuziehen, denn wir hätten jederzeit aufgescheucht werden können. Zeit zum Aufknöpfeln war nicht. Wir waren siebzehn, und mit siebzehn braucht man keine Kleidungsstücke zu entfernen. Die Liebe ist stark genug, jedes Material durchsichtig zu machen. Da es auf drei ging – um drei mußte sie zu Hause sein –, blieb uns nur Zeit, Paßfotos zu tauschen, nicht aber für ein zweites Mal, was meine Agonie wenigstens für Sekunden gemildert hätte. Meine Füße weigerten sich abzusterben, sie peinigten mich in Wellen steigender und fallender Erträglichkeit. Ich war zugleich glücklich und traurig darüber, daß Natascha gehen mußte, und kaum war sie außer Sicht, zog ich die Schuhe aus und trat auf Socken den Heimweg an. Es war, als wenn man im Traum auf Wolken schwebt, hundertmal besser als Pudern.

Wir lagen eine Woche länger als vorgesehen in Frankfurt, doch Natascha und der Hund blieben verschwunden. Ich verbrachte viele Stunden in meinen alten ausgetretenen Schuhen in den Anlagen, doch hat sie wohl von ihrem holländischen Dichter genug gehabt, was ich aber nicht glauben mag: Lieber will ich annehmen, daß ihre Hausfrau uns vom Fenster beobachtet, sie in andere Anlagen und zu einem anderen Dichter geschickt hat.

Einmal, als ich von einer dieser nur eingebildeten Verabredungen in den Anlagen kam, ging ich in der Altstadt in ein Kino. Es gab *Die goldene Stadt* mit Kristina Söderbaum. Eine romantische Geschichte von Liebe und Herzeleid, die in Prag spielt (der goldenen Stadt). Nicht im Prag des Heydrich und der Massaker, sondern im Prag unseres Kaisers Franz Joseph. In sicherer Entfernung also. Die Kaiserzeit war (wie jedermann glaubt) eine Zeit ohne Politik. Ein anderes Mal besah ich mir Hans Holt in der Perücke Mozarts, der nach einem hektischen Leben am Klavier und Dirigentenpult in einer schlecht erleuchteten Kammer stirbt, erschöpft, müde, ringsum verschuldet und in seine Schwägerin verliebt. Er starb jung, denn der Titel des Filmes, *Wen die Götter lieben*, mußte gerechtfertigt werden. Politische Filme wie

Hitlerjunge Quex und *Jud Süß* wurden von mir boykottiert, und obwohl ich schließlich einsah, daß Mozarts Musik (ich sah den Film zweimal, der Musik wegen) für die Ereignisse in Österreich nach 1938 nicht verantwortlich ist, blieben doch Zweifel. Im Theater gab es Schiller, Goethe und Kleist, die Konzerthäuser machten Reklame für Beethoven, Mozart und Bach. Mendelssohn und Mahler waren vom Programm gestrichen – auf jüdische Komponisten konnte man verzichten. Die deutsche KULTUR hatte mit der »Neuen Ordnung« der Nazis offenbar mehr gemein als mit Leuten wie Mendelssohn und Meyerbeer. Beethoven und Wagner waren im neuen heldischen Deutschland zwar besonders geschätzt, doch Bach und Mozart, Telemann und Schubert wurden mühelos eingearbeitet. Der klassischen deutschen Kultur bekommt jede Politik. Alles hat darin seinen Platz. Streicher und Fidelio, Bach und mein Schiffer Bacher. Man könnte ins Uferlose assoziieren mit Namen wie Kiesinger und Lübke, Strauß und Schröder. Alles Deutsche paßte wie in ein Puzzlespiel. Namen wie Brandt und tausend andere, die ich nicht kenne, waren Ausnahmen.

Abgesehen davon, daß die Bombardierungen den Verkehr störten und die Quartiersuche erschwerten, nahm mein Leben seinen normalen Fortgang. Ich hatte Arbeit, bekam meinen Lohn und wartete auf das Ende, wie alle anderen auch. Die Alliierten waren in Frankreich gelandet. Italien war für die Deutschen verloren, und frierende italienische Gefangene in zerfetzten Uniformen drängten sich auf den Baustellen. Die meisten Leute waren schäbig gekleidet und wirkten bedrückt, die Ausländer nur wenig mehr als die Deutschen. Die Rationen für die Deutschen und für uns »Schwerarbeiter« waren zureichend. Niemand hungerte. Die Läden waren gut mit Ware versorgt, wenn auch nicht mit Luxusgütern. Für die Hausfrauen wurden ausreichend Lebensmittel in den besetzten Gebieten zusammengestohlen, und sie konnten aus einer Armee von Fremdarbeitern ihre Dienstmägde wählen. Sie murrten, aber nicht zu laut, sie sahen erbärmlich aus, aber nicht erbärmlicher als heutzutage, und sie sagten: »Krieg ist Krieg.« Lauter gewöhnliche Bürger, die sich um ihr Wohl sorgten und alles nachplapperten, was ihnen eingeblasen wurde. Ich gehörte nicht zum Widerstand, versteckte niemanden in meiner Kajüte, ausgenommen eine Schlampe aus dem Krug in Heilbronn, und die nur für eine Nacht. Und diese einzige Nacht auf dem Strohsack mit einer fetten deutschen Zwanzigerin bestimmte meine künftige Marschrichtung. Schicksal oder Zufall? Auf lateinisch heißt es Gonorrhöe, ist eine Geschlechtskrankheit und verlangt die Enthüllung eines bis dahin sorgsam gehüteten, beschnittenen Geheimnisses. Ich machte ein kleines Gedicht:

Alles was ihm fehlte, war
eine Vorhaut,
sonst ging's ihm gut.

Er lebte wie ein Fürst auf seinem Schloß,
mit Fasanenjagd und alten Bildern,
alles, was ihm fehlte,
war eine kleine Vorhaut,
sonst ging's ihm nicht schlecht.

Er lebte wie der Sonnenkönig auf Trianon
sie fütterten ihm Austern mit dem Löffel,
er brauchte nur ein kleines Stückchen Haut,
sonst nichts.

Er wohnte wie Zeus im Parthenon,
trieb's nur mit Göttinnen,
hätte er nur ein bißchen mehr Haut,
wäre alles in Butter.

Wenn die neuesten Fortschritte der Physik eines deutlich gemacht haben, so, daß wir die Natur nicht als Eines, sondern als unterschiedliche Sphären oder Ebenen erfahren, deren jede von gewissen Faktoren bestimmt wird, die in der benachbarten Sphäre oder auf der anstoßenden Ebene kaum wahrnehmbar sind oder nicht ins Gewicht fallen, bemerkt Teilhard de Chardin. Physiker könnten meinen, daß meine sonderbare Existenz auf dem von Flöhen bevölkerten Strohsack an Bord der *Matthias Stinnes 18* ein Naturphänomen gewesen sei. Mir kam es damals nicht so vor. Mir kam vor, als sei ich aus allen Sphären gefallen, ins Jenseits und unter sämtliche Ebenen. Ich gehörte nicht mehr zur Menschheit. jedenfalls schien es mir so. Ich spreche jetzt nicht von Einsamkeit und Isolierung, sondern von Nichtexistenz. Ich war und war doch auch nicht. Anstelle von cogito ergo sum hätte ich gesagt: *je suis et je ne suis pas*. Nicht, weil meine Initialen andere waren und weil ich auf einen anderen Namen hörte; mein Bewußtsein funktionierte einfach nicht mehr. Ich glaubte zu wissen, was ich tat, doch wenn ich es jetzt bedenke, dann weiß ich, ich handelte nach meiner Eingebung.

Wenn der Tod in der Nähe zuschlug, machte ich einen quicklebendigen Satz, wie damals in Ludwigshafen. Wo ich auch hinging, überall regnete es Bomben. Mein bloßes Erscheinen setzte Luftmarschall Harris' Geschwader in Bewegung. Ich war der Superagent, im Hirn einen Hochleistungssender mit Richtstrahlen zum alliierten Oberkommando. Diese Wahnvorstellung bestimmte meine Existenz, wenngleich ich gelegentlich bezweifelte, daß das Gerät in meinem Hinterkopf mit solch überlegener, genialer Perfektion endlos weiterarbeiten könnte. Niemand verhaftete mich. Bomben fallen vor und hinter mir, wenige Meter entfernt. Kein Splitter ritzt meine Haut. Auch die Spitfires tun mir nichts. Ein- bis zweimal täglich brausen sie den Fluß entlang, bestreichen mit ihren Maschinengewehren, was in Sicht kommt, einfach so zum Spaß. Dabei werden viele getötet oder verwundet, doch an mir sausen die Kugeln vorbei, klatschen in den trüben Rhein. Nicht nur schützt die Luft mich vor Explosivgeschossen, mein eigener Wahnwitz schützt mich auch vor meiner leichtsinnigen Zunge. Ich streite mit deutschen und holländischen Nazis, mit konservativen Katholiken, mit wilden Antisemiten und verlange, daß sie zugeben, nicht alle Juden seien verdammenswert. »Wie kann ein ganzes Volk schlecht sein?« – und es verschafft mir krankhafte Befriedigung, wenn ein dummer Mensch wenigstens einiges von seiner Dummheit einsieht.

Die Bilder von Menschen, Tiefangriffen und Fabriken verblassen; das eine und andere, was 1944 im Reich vorging, ist nicht mehr frisch in meinem Gedächtnis – schließlich bin ich kein Politberichterstatter –, doch während das tägliche Leben in einer ermüdenden Routine von Deckscheuern, Tauwerkspleißen, Laderaumreinigen, Mahlzeitenzubereiten und Proviantübernehmen aus dem längsseits liegenden Kahn besteht und die Abende im nächstliegenden Gasthaus verbracht werden, unter Matrosen, Ortsansässigen und Mädchen, geschieht darunter irgendwas, kristallisiert sich etwas, möglicherweise in Minuten, und hat sich seither nicht wieder aufgelöst. Die Überzeugung nämlich, daß ich etwas oder irgendwer Besonderes bin. Außerhalb aller Welten eine eigene Welt. Ich muß überleben, um die Kapitulation zu sehen, mein Dasein hat einen Zweck. Ich muß, sagte ich mir, ich muß, einerlei was geschieht, ich muß leben, um das Ende zu sehen, und darum werde ich das Ende sehen. Das alles schien mir eine Frage des Willens zu sein. Ich hatte beides: den Willen, Entschlüsse zu fassen, die Kraft, sie auszuführen. Am 20. Juni 1943 wollte ich mich nicht abholen lassen, und darum tat ich es nicht; ich wollte mich in Deutschland verbergen, und darum tat ich es. Solange alles gutgeht, will ich auf einem Lastkahn bleiben, und darum bin ich auf diesem Kahn. Bald werde ich fortwollen, denn auf dem Wasser wird es zu gefährlich, und schwimmen kann ich nicht, also werde ich von Bord gehen und was anderes finden.

Nein, ich wollte mir nicht den Tripper bei einer Schlampe aus Heilbronn holen, und doch holte ich ihn mir. Meine intuitive Reaktion auf den gelblichen Eiter war: Es ist gut, es ist ganz richtig so. Es tut weh, und ich habe Angst, trotzdem ist es richtig so. Ich muß es mir gewünscht haben, ob ich es nun wußte oder nicht. »Die kleine Krankheit« bot den einleuchtenden Ausweg aus einer brenzligen Lage. Wäre die große Rheinbrücke bei Köln, unter der wir auf der Fahrt nach Duisburg hindurchmußten, nicht einen oder zwei Tage zuvor getroffen worden, wäre ich vielleicht nicht in das kleine Krankenhaus in Boppard bei Köln gegangen, sondern in ein größeres in Duisburg. Als ich das anheimelnde Haus in Boppard betrat, fiel mir ein: Hier bist du für den Winter gut aufgehoben. Ein warmes Zimmer in einer verschlafenen Stadt. Ich wollte mich in einem Krankenhaus pflegen lassen und sagte darum dem Schiffer: Ich habe Syphilis und brauche mindestens einen oder zwei Monate Behandlung. Dem Arzt im Krankenhaus sagte ich: Der Schiffer hat derzeit nichts für mich zu tun, die Kähne können erst losfahren, wenn die Brückentrümmer geräumt sind.

Bevor ich zur ersten Untersuchung ins Krankenhaus ging, sagte ich mir: Viele Nichtjuden sind beschnitten, weil man vermeiden will, daß sich Schmutz unter der Vorhaut sammelt und zu Entzündungen führt. Das unterscheidet mich von anderen Männern, schämen tue ich mich dessen aber nicht. Schließlich kann ich nichts dafür. So stellte ich es denn auch eine Woche später dem Krankenpfleger dar, einem blassen, etwa vierzigjährigen Mann, der mich mit Natriumpermanganat behandelte, einer pupurroten Flüssigkeit, besser bekannt als Rachenspülmittel bei Halsschmerzen. Während er meinen Penis behandelte, eine Art Pumpe einführte und mir grausige Schmerzen zufügte, witzelte ich: »Da kann man mal sehen, erst schneiden sie ihn mir beinahe ab, und jetzt wird auch der kleine Rest noch mißhandelt.«

»Macht nichts«, lachte er. »Das kommt oft vor. Wir kurieren dich bald.« Er versetzte mir noch eine Ladung von seinem purpurroten Gift, daß ich schrie (ich ließ ihm sein kleines sadistisches Vergnügen), und er sagte: »Vielleicht steckst du ihn jetzt nicht mehr in jedes Loch am Weg.«

»Es macht aber doch Spaß«, winselte ich.

»Spaß schon, o ja, großen Spaß. (Er sah, daß ich vor Schmerzen schwitzte). Morgen bekommst du wieder eine kleine Lektion, damit du künftig besser auf deine Gießkanne achtest.«

Ich verabscheute die Behandlung, war aber ganz wild auf die Nonnen und das Essen. Ich war müde, ich verschlief den halben Tag und tat, als sei ich mehr verstört, mitgenommen und geschwächt als irgendwer sonst im Haus. Unterdessen war es September geworden oder Oktober. Die Flut war umgeschlagen. Polen und Frankreich waren befreit. Die deutschen Zivilisten vergaßen bei der Behandlung ihrer Ausländer nicht, daß die Alliierten näherrückten. Vielleicht würde es einem angerechnet werden, daß man »den bedauernswerten Ausländern stets freundlich und hilfreich begegnet war«. Jede explodierende Bombe erhöhte die Achtung der Deutschen vor der Macht. Wirklicher Macht. In einem Lebensmittelladen in Boppard sagte eine Frau zu mir: »Gut, daß sie uns bombardieren, es geschieht uns ganz recht. Täten sie es nicht, würden wir nie begreifen, was wir anderen angetan haben, und diese Idioten könnten in alle Ewigkeit Krieg machen.« Ich widme diesen Satz dem verstorbenen Winston Churchill, »Bomber«-Harris und allen alliierten Bomberbesatzungen. Die Bomber der Alliierten waren Friedenstauben. Einzig Bomben konnten die Arroganz jener Bürger brechen, die schon viel zu lange geglaubt hatten, sie könnten ungestraft morden. Nichts in der neueren Geschichte Deutschlands reicht an diese Katharsis aus dem Himmel heran; sie hat Westdeutschland demokratischer gemacht, als es je gewesen ist, und so friedliebend wie nie. Es bedurfte großer Mengen TNT, den Mythos vom deutschen Übermenschen in die Luft zu jagen, und keiner hat zur Denazifizierung Deutschlands mehr beigetragen als die Besatzungen der alliierten Flugzeuge. Einzig ihre Maschinen waren dem kaltblütigen, mechanisierten Irrsinn gewachsen, der sich Nationalsozialismus nannte.

Eine Woche später ging ich auf den Kahn, um meine Sachen zu holen. Ich wollte den Krieg in einem Krankenhaus überleben, einerlei in welchem. Von Boppard schickte man mich nach Koblenz. Zwar verpaßte ich jede zweite Behandlung, um meine Entlassung hinauszuzögern, war aber gesund genug, um in die Stadt zu gehen. Das kümmerte keinen. Das Land war in Auflösung begriffen, die Fanatiker in der Minderheit. (Die Haltung den Ausländern gegenüber änderte sich mit den Nachrichten von der Front.) Als das Städtische Krankenhaus so gut wie völlig zerstört wurde (wobei alle meine Sachen verlorengingen, diesmal sogar die schwarzen Stiefel), bekam ich eine Bescheinigung, auf die ich Bezugscheine erhielt, mit denen ich neue Sachen kaufen konnte. Freundlich lächelnd nahm ich eine Fahrkarte und einen Brief entgegen, der mich zur Weiterbehandlung dem nächstgelegenen Krankenhaus empfahl.

Zwei Wochen später war ich in Gießen, und vermutlich dank meiner besonderen Peilvorrichtung für alliierte Bomber wurde die Stadt (die bis dahin nicht ein einziges Mal angegriffen worden war) schwer getroffen. Anfangs saß ich mit zweiundzwanzig Kindern, zwei Nonnen und einem Franzosen im Schutzraum. Er und ich gingen raus, um zu sehen, was denn los sei. Unser Schutzraum wurde ebenso getroffen wie alle anderen Schutzräume auf dem Krankenhausgelände; das Hauptgebäude brannte lichterloh. Man rief um Hilfe, jede Hand wurde benötigt, um die, die nicht gehen konnten, in Sicherheit zu bringen. Und hätte ich im dunklen Korridor nicht den Totenkopf an einer grünen Uniform auf der Tragbahre gesehen, ich hätte einen beinlosen Mitmenschen vielleicht ein Stückchen weiter befördert. Doch einem Deutschen konnte ich nicht helfen, schon gar nicht einem in SS-Uniform. Ich wünschte ihnen allen den Tod, nicht das Leben. Mein Krieg war noch nicht vorüber.

Der Krieg ist noch nicht vorüber. Die Welt ringsum ist immer noch dein Feind. Schreien sie um Hilfe, so stell dich taub; verlangen sie nach deiner Kraft, geh fort; appellieren sie an dein Mitgefühl, zeig ihnen Haß. Ehe ich ganz begriff, was geschehen war, erkannte ich, daß Leben nicht nur eine Sache des körperlichen Überlebens ist. Mitgefühl mit allen menschlichen Wesen ist nicht mehr der Kern, der Saft meines Lebens. Aus ihrer Schale gepreßt, verläßt die Seele den Körper, und du stirbst mit dem, dem du den Tod wünschst. Die Bomben waren meine stete Geburt und Wiedergeburt gewesen, der Mann in der grünen Uniform auf der Trage tötete mich (und vielleicht sich selbst) mit der Zauberkraft eines Totenkopfs. Er ist der einzige, den ich vorsätzlich getötet habe. Hätte ich es mit einer Schußwaffe getan, ich wäre vielleicht nicht daran gestorben. Aber es ist nun einmal so. In dieser Nacht wurde Gießen ausradiert, und auf meinen Kopf fiel ein Stück Zement in der Größe eines Fingernagels. Ich bin bei einem Luftangriff getötet worden. Fünfundzwanzig Jahre hat es gedauert, bis ich das begriffen habe. Wir sind alle Überlebende des Dritten, Zweiten und Ersten Weltkriegs. Unser Leben verdanken wir Wundern und Zufällen. Auch Totsein kann eine Art zu leben sein. Menschsein heißt, andere sterben lassen und so tun, als ob nichts geschehen wäre; das *Als-ob*, das diesen Teil des Seins akzeptiert, ist das Menschliche daran. Ich entferne mich von der Trage; auch für mich war die Zeit gekommen. Ich war weder Schaf noch Rhinozeros. Auch ich war menschlich und darum sterblich. Als Tier oder Wesen aus dem Weltraum hätte ich auch weiterhin an meine Macht, jeden Krieg überleben zu können, geglaubt. Nach meinem Tod in Gießen blieb keine Angst mehr zurück. Die verlor ich an einen beinlosen SS-Mann in den dunklen Korridoren des Bewußtseins.

Ich bin nun an der vorletzten Station angekommen, in Marburg. Wiederum sah ich nicht, wie es weitergehen könnte, und auch meinen Weg zurück auf den Kahn sah ich nicht. Wiederum mußte etwas geschehen; das Lazarett hier würde mich nicht auf die Dauer behalten. In meinem Harnleiter war nicht ein einziger Gonokokkus mehr, da mochte ich Ärzte und Laborantinnen noch so sehr bitten, einen unterm Mikroskop zu finden. Ich kann unmöglich schon geheilt sein, Herr Doktor, es tut immer noch so weh. Was wirklich wehtat, war die Entlassung aus der Universitätsklinik. Mit Büchern und Zeitungen tagelang im Café sitzen, Bekanntschaft mit allen möglichen Leuten, Deutschen und Ausländern zu machen, das tat nicht weh.

Schon schrieben wir Dezember 1944, und immer noch wurde so verbissen gekämpft wie je. Keine Kapitulation in Sicht. Hitler war entschlossen, jeden einzelnen Deutschen mit ins Grab zu ziehen, und viele Deutsche waren bereit, mit Hitler zu sterben. Vor wenigen Tagen erst hatte ich einen ganzen Saal voller Kranker gesehen, die Goebbels zuhörten, der ihnen nach Beginn der Ardennenoffensive wiederum Paris und Brüssel versprach. Die Menge war bereit, ihm zu glauben. Die Leute bekamen den frömmelnden, guten, nationalen und sozialistischen Bürgerblick und brüllten dreimal »Sieg Heil!«, als stünden sie gestiefelt auf dem Reichsparteitag in Nürnberg, nicht aber auf ihrem letzten Bein in einem friedlichen Lazarett. Die Nazis von Marburg, das größer ist als Boppard, brüllten zur Übertragung »Sieg Heil!« Im Café Wespe hörte man nur das Rascheln der umgeblätterten Zeitungen und das Klirren der kleinen Kaffeelöffel in den Tassen. Hausfrauen und Kriegskrüppel, Studenten und Büromädchen saßen hier bei Kaffee und Kuchen. Ich lernte lateinische Grammatik und die Geschichte des Römischen Reiches. Die Bücher hatte ich für vier Mark in der Universitätsbuchhandlung gekauft. Zu gern wäre ich Student unter Studenten gewesen. Sie trugen Bücher im Arm wie Blumensträuße. Die hübschesten Mädchen machten sich an sie heran. Ich neidete ihnen den Frieden, in dem sie lebten, umgeben von Büchern und hübschen Mädchen. Das Deutsche Reich zerfiel schneller als je ein Reich vor ihm. Ich war sein Geschichtsschreiber – selbst Student der Geschichte. Seit meinem Tod in Gießen fürchtete ich nichts mehr, ich machte unablässig Aufzeichnungen; zur Vorsicht überschrieb ich jede neue Eintragung in meinem Tagebuch »Liebste Freundin« oder ähnlich. Die gesammelten Briefe wollte ich nach dem Krieg Cilly übergeben. Wenn ich sie jetzt wieder lese (manche werde ich später veröffentlichen), stelle ich fest, daß es sich um ziemlich banales Zeug handelt, aber was macht das. Andere »Studenten der Geschichte« von siebzehn Jahren hätten es wohl auch nicht viel besser gemacht.

Ich schlief im Lazarett, verbrachte die Tage in der Wespe, versuchte mir die Zeit nach Kriegsende vorzustellen und wußte nicht so recht, was ich tun könnte, um dieses Ende noch zu erleben … Mir wollte und wollte nichts einfallen. Offiziell war ich ein krankgeschriebener Arbeiter der Firma Matthias Stinnes, und früher oder später würde ich mich wieder zur Arbeit melden müssen, einerlei, ob es Duisburg und den Kahn noch gab oder nicht. In Marburg ein Zimmer mieten, war undenkbar. Ich hatte keine Aufenthaltserlaubnis und wollte mich nicht beim Arbeitsamt melden, das mich Gott weiß wohin schicken würde. Ich kannte niemanden in Deutschland so gut, daß ich ihn um Rat hätte fragen können. Ich hätte den Kontakt mit Widerstandsgruppen unter den Ausländern erzwingen können, doch traute ich niemandem, und wahrscheinlich trauten auch sie mir nicht. Nach dem Kauf eines neuen Anzugs (als »Student« mußte ich mich besser kleiden) blieb mir gerade noch genug Geld für meinen Kaffee, solange ich die Mahlzeiten im Lazarett bekam. Ich überlegte, ob ich mich ins befreite Holland durchschlagen sollte, aber da mußte man durch die Front und vorher durch unzählige Kontrollen. Ich verwarf diesen Plan als zu riskant. Retten konnte mich nur ein Wunder. Ich brauchte jemanden, der mich unterbringen, ernähren und mir die Arbeitserlaubnis verschaffen konnte. Ich brauchte einen neuen Arbeitgeber, doch fehlte mir jegliche Lehre, Fertigkeit, Schulbildung. Ich war unbrauchbar. Aber wenn ich nicht für meine vier jüdischen Großeltern bestraft werden wollte, mußte ich arbeiten. Einerlei, was. Jeder, der bereit war, mir Arbeit zu geben, war in meinen Augen ein guter Arbeitgeber.

Er hieß Kolberg, Preuße aus einer preußischen Offiziersfamilie, aus Halle an der Saale. Ehemals Fluglehrer, jetzt im Auftrag des Luftfahrtministeriums Leiter eines metallurgischen Forschungsprogramms. Sein unmittelbarer Vorgesetzter war Generalfeldmarschall Milch. Wir begegneten uns bei der Entlassungsuntersuchung. Er kam von der Inneren Station, ich von der Hautstation.

»Wer sind Sie?«

»Ich bin Holländer. Ich heiße Overbeek.«

»Und was fehlt Ihnen?«

»Nichts weiter. Ja, es fehlt mir schon was, aber nichts Ernstes.«

»Welche Station?«

»Ich weiß nicht, wie sie heißt.«

»Na, sagen Sie schon. Von welcher Station?«

»Von da drüben. Hautstation heißt es, glaube ich.«

»Ah.« Kleine Pause. Selbstverständlich weiß er Bescheid. »Wo sind Sie beschäftigt?«

»Jetzt nirgends. Früher auf einem Lastkahn, auf der *Matthias Stinnes 18*, aus Duisburg.«

»Und warum sind Sie nicht mehr dort?«

»Ich bin noch dort, aber derzeit krank.«

»Und wann werden Sie entlassen?«

»Jeden Tag. Heute vielleicht.«

»Und was machen Sie dann?«

»Ich muß wohl wieder zurück.«

»Was heißt, wohl? Gehen Sie zurück oder nicht?«

»Ich möchte nicht, ich werde aber müssen.«

»Gefällt es Ihnen nicht auf dem Kahn?«

»Nein, nicht mehr. Es ist zu gefährlich.«

»Warum?«

»Wegen der Bomber und der Spitfires.«

»Und was machen Sie, wenn Sie nicht wieder auf Ihren Kahn gehen?«

»Tja, wenn ich das wüßte.«

Kleine Pause, die Schlange rückt vor.

»Gefällt es Ihnen hier nicht?«

»Was, hier, im Lazarett? Oh doch, da ist es ganz schön.«

»Ich meine in Deutschland. Gefällt es Ihnen nicht in unserem Land?«

»Nein. Ich wäre lieber in Holland.«

»Das wird noch ein Weilchen dauern.«

»Wahrscheinlich.«

»Warum gefällt Ihnen Deutschland nicht?«

»Ich bin Holländer. Ich habe hier nichts zu suchen.«

»Woher sprechen Sie so gut deutsch?«

»Meine Mutter ist Österreicherin. Nach dem Ersten Weltkrieg kam sie als Flüchtling nach Holland, wie viele Österreicher.«

»Und was glauben Sie, was werden wird?«

»Der Krieg ist bald zu Ende. Die Luftangriffe zerstören ganz Deutschland. Das war zu erwarten.«

»Wieso?«

»Jetzt wird Ihnen heimgezahlt, was Sie in Rotterdam angerichtet haben.«

»Sie lieben Holland?«

»Ganz recht. Und ich möchte gern nach Hause.«

»Was werden Sie jetzt unternehmen?«

»Ich sage doch, ich weiß es nicht. Ich könnte wieder nach Duisburg, aber ich habe keine Lust. Irgendwas wird sich schon ergeben.«

»Auf welcher Station liegen Sie?«

»Auf der Hautstation.«

»Und wie war Ihr Name doch gleich?«

»Overbeek, Jan.«

»Was machen Sie so den ganzen Tag über?«

»Ich lese.«

»Sie lesen gern?«

»Ja, ich lese gern.«

»Haben Sie Nietzsche gelesen?«

»Nein, aber ich habe von ihm gehört. Friedrich Nietzsche, deutscher Philosoph, Anfang des Jahrhunderts in einer Schweizer Irrenanstalt verstorben.«

»Stimmt. Ich werde Ihnen ein Buch von ihm bringen, ehe

ich abfahre, vielleicht heute oder morgen. In dem Buch werden Sie einen Zettel mit meiner Anschrift finden. Melden Sie sich bei mir in Dillenburg, sobald Sie entlassen sind. Wir werden dann sehen, was sich für Sie tun läßt.«

»Vielen Dank.«

»Auf Wiedersehen.«

Ich erwiderte seinen festen Handschlag. Er hatte kurzgeschnittenes dunkles Haar und ein nicht unsympathisches Gesicht. Braune Augen und eine ziemlich kurze, eingedrückte oder aufgebogene Nase. Am folgenden Nachmittag kam er, angezogen wie ein richtiger Chef, und brachte mir *Also sprach Zarathustra*. Er trug einen dunkelblauen Anzug, ein weißes Hemd und einen schwarzen Schlips.

»Werden Sie rasch gesund«, sagte er, legte das Buch hin und ging.

Ich hatte die ganze Nacht Zeit, mich zu bedenken. Sollte ich, sollte ich nicht? Auf einem postkartengroßen Zettel in seinem Buch stand »T. Kolberg, Baracke Mittelfeld, Dillenburg/Dill«. Dillenburg? Weit weg konnte das nicht sein.

Ich fragte jemanden auf meiner Station. »Dillenburg ist ungefähr dreißig Kilometer von hier. Ein Nest. Willst du dort hin?«

»Ja«, sagte ich. »Sobald ich entlassen werde.« Auf diese Weise faßte ich ganz plötzlich meinen Entschluß. Ich zog einen Strich unter die Überlegungen, die mich die ganze Nacht wachgehalten hatten. Ich habe nichts zu verlieren.

Zwei Tage später kam ich im Bus mit meinem kleinen Koffer in Dillenburg an. Die Zugverbindung war unsicher. Am Bahnhof fragte ich einen Passanten nach der Baracke Mittelfeld und zeigte meinen Zettel. »Da oben«, sagte er. »Diese Straße entlang, den Berg rauf bis halbwegs zur Burg, dann rechts. Das ist, glaube ich, die Baracke Mittelfeld. Weiß Gott, was sie da oben machen.«

Das klang nach einer militärischen Einrichtung, und so war es denn auch. Die Baracke Mittelfeld war eine aus Berlin evakuierte Abteilung des Luftfahrtministeriums. An Dillenburg würde niemand eine Bombe verschwenden, es gab hier absolut gar nichts zu bombardieren. Nichts als eine Hauptstraße, das winzige Hotel Schwan am Bahnhof, zwei oder drei Ladengeschäfte, einige Gassen. Sonst nur Wiesen, Bäume und auf dem Berg eine Burg. Ein verschlafenes deutsches Dorf im Westerwald. Die nächste Stadt war Wetzlar. Ich sah mich einem neuen Schicksal gegenüber, einer ganz unvertrauten Lage, und erfuhr von Fräulein Blohm, der Sekretärin des Chefs, daß Kolberg in Berlin war; er hatte hinterlassen, daß ich möglicherweise käme. Ich sollte warten, bis er von seiner Reise zurück sei, und könnte einen Vorschuß bekommen, falls ich kein Geld hätte.

Das klang zu schön, es konnte einfach nicht wahr sein. Es war ein Traum. Fräulein Blohm hatte mir sogar schon Quartier besorgt, in einer Villa unweit der Baracke, bei wohlhabenden Leuten. Der Herr des Hauses war in der SS, seine beiden Söhne ebenfalls. Ihre Bilder starrten mich von einer Kredenz im Wohnzimmer an. Ich bekam ein warmes, sehr sauberes Zimmer, von dem aus ich einen Teil des Berges überblickte. Die Baracke war nicht zu sehen. Am nächsten Morgen frühstückte ich frische Brötchen, badete in einer richtigen Wanne. Obschon ich als Student der Geschichte umherwandelte, war ich doch immer noch ein Flußmatrose und fühlte mich unter Säufern und Huren im Anker und im Krug mehr zu Hause als im Heim dieses wohlhabenden, achtbaren SS-Mannes.

Ich wollte umziehen. »Es gefällt mir dort nicht, Fräulein Blohm. Könnte ich nicht ein Zimmer im Schwan bekommen?« Zwei Nächte später hatte ich mein Zimmer im Schwan. Da ich den Vorschuß nicht genommen hatte, fühlte ich mich berechtigt, in ein anderes Quartier umzuziehen. Das Zimmer im Schwan war einfach, ein Zimmer in einem Landgasthaus eben. Schon fühlte ich mich besser. Deutsche Hausfrauen und unstete Juden kommen nicht gut miteinander aus. Die Bilder der ansehnlichen SS-Familie hatten mich weniger (oder mehr?) gestört als die unheimlich säuberliche Stille des

Hauses. Es war, als könnte bloßes Luftholen bereits die Moleküle der vermufften Atmosphäre durcheinanderbringen. Im deutschen Eigenheim trifft man diese Leichenhausluft häufig an. Die Welt muß diesen Menschen wirklich als dringend säuberungsbedürftiger Schweinestall erscheinen. Im Schwan ging es schon normaler zu. Unter dem Bett und in den Ecken fanden sich noch Spuren schmutziger Menschheit. Die Klosette durften stinken, und die Jacken der Kellner waren nicht blütenweiß.

Meine Arbeit ließ sich nicht beschreiben. Kolberg sagte: »Halten Sie sich hier auf. Wenn ich Sie brauche, rufe ich Sie.« Ich saß also herum, nicht weit entfernt von den Stenotypistinnen, zwei recht hübschen Mädchen, und wartete darauf, daß er mich rief. Von den beiden zog ich die größere vor. Nennen wir sie Stella. Sie stammte aus Dresden. Wir kamen gut miteinander aus. Die Baracke bestand aus vier oder fünf großen und einigen kleineren Räumen. Der Briefkopf auf dem Schreibpapier lautete »Metallurgisches Forschungsinstitut des Reichsluftfahrtministeriums«, und Kolbergs Briefkopf hieß: »Der Treuhänder des Metallurgischen Forschungsinstitutes des Reichsluftfahrtministeriums«. Ein ganzer Mundvoll deutscher Obskurität. Ich ahnte nicht, was hier eigentlich getan wurde. Auch aus den Briefen, die Stella und ihre Freundin Lotte tippten, konnte ich mir nichts zusammenreimen. Kolberg sagte einmal beiläufig, es handle sich um die Erprobung von Metallen für Flugzeuge. Es kam mir aber doch etwas sonderbar vor, daß man jetzt, im letzten Stadium des Krieges, Metalle erprobte, statt sich mit weißen Fahnen, dem letzten Mittel der Verteidigung, einzudecken. Was für Flugzeuge mochten das sein? Werden denn immer noch welche gebaut? Wer kann das sagen? Fernlenkwaffen wurden auf England abgefeuert, die V-1, einige Wochen später die V-2. Jubelstürme in der Lokalzeitung und im Radio, wenn ein Haus oder eine Fabrik in London getroffen wurden. Die Ardennenoffensive scheint steckengeblieben zu sein. Zuviel Schnee, nicht genug Feuerkraft, nicht genug Truppen, zu viele Amerikaner, Engländer und Franzosen auf der anderen Seite. Der Krieg ist praktisch zu Ende. Wem wollten sie eigentlich noch was vormachen?

Nun, Kolberg wollte mir vormachen, daß es seine Aufgabe und die seiner Mitarbeiter war (vier oder fünf Herren in weißen Mänteln gingen in der Baracke aus und ein), Stärke und Haltbarkeit von Metallegierungen für imaginäre Messerschmittmaschinen zu erproben. Was wirklich vorging, wußte ich nicht und wollte es auch nicht wissen. Nachdem ich auf meinem Kahn Steine für den Atlantikwall befördert hatte und Kohlen für Krupps Kanonen, konnte ich auch bei der Erprobung von Metall für den Flugzeugbau helfen. Die Deutschen waren ohnehin am Ende, und im übrigen war ich keine große Hilfe. Ich saß herum, schrieb hin und wieder Adressen, legte Blaupausen ab und half dem ältlichen Gärtnerehepaar und dem französischen Kriegsgefangenen beim Holzsägen. Wirklich, ich war keine große Hilfe. Ich wurde ungeduldig, ich war enttäuscht. Es sah hier nach interessanter Arbeit aus, aber für den ehemaligen Flußmatrosen aus Holland gab es nichts Derartiges. Immerhin stand ich auf der Lohnliste. Eingestuft als »Gehilfe von Herrn Kolberg« bekam ich monatlich so gegen 400 Mark von dem Geld, das Kolberg von Milch und Göring bekam, damit er sich seinen privaten Juden halten konnte.

Ich hatte schon meine erste Lohntüte bekommen und schuldete noch dem Personalchef, einem dicklichen Fünfziger, meinen Lebenslauf. Eine Formalität, unvermeidlich für Mitarbeiter des Ministeriums. Ich holte mir eine Schreibmaschine an den Ofen, brannte eine Zigarette an und machte mich an eine kurze Lebensbeschreibung. »Eine Seite reicht«, meinte der Personalchef, »reine Bürokratie. Aber man kommt nicht drum herum.«

Da ich Kolbergs Günstling war, behandelten die anderen mich mit einer gewissen Achtung. Niemand wußte, was ich hier eigentlich zu suchen hatte. Also mußte es einen sehr guten Grund für meine Anwesenheit geben. Auch ich dachte:

Offenbar hat der Kolberg etwas ganz Bestimmtes mit mir vor, wenn er mich hier festhält und kein Wort verlauten läßt. Aber es war mir gleich.

»Mein Vater war Ingenieur. Er wurde in Rotterdam geboren. Meine Mutter war Flüchtling und stammte aus Wien in Österreich. Ich wurde in Aalten, in der Provinz Geldern, geboren und bin auch dort zur Schule gegangen. Mein ältester Bruder dient bei der Marine in Niederländisch-Indien. Beide Eltern sind tot. Meinen Bruder habe ich seit Kriegsbeginn nicht mehr gesehen ...« und so weiter und so fort, eine ganze Seite lang. Eine Aufgabc für einen Schriftsteller, es machte mir Spaß. Ich überreichte das Werk dem Personalchef in seinem Büro und paßte genau auf, wo er es ablegte. Ich hatte meinen Lebenslauf absichtlich auf gelbes Papier geschrieben, ich würde ihn dann schneller finden, wenn ich danach suchte. Zu lange wollte ich ihn da nicht liegenlassen. Höchst ungern gab ich so viele Informationen über mich aus der Hand, noch dazu schwarz auf gelb. Aber ich hatte keine Wahl. Der Preis für einen Arbeitgeber wie Kolberg waren diese Informationen über mich. Schließlich arbeitete ich jetzt in einem Ministerium, einer Behörde; jede Weigerung wäre verdächtig gewesen. Vier Tage darauf, als der Personalchef verreist war, betrat ich sein Büro mit einem Arm voll Brennholz, nahm das gelbe Papier und steckte es ein. Falls er es suchte, wollte ich so tun, als hätte ich ihm noch nichts geliefert, und einen neuen Lebenslauf verfassen. Das war vielleicht ein dummes und leicht durchschaubares Manöver, aber der Gedanke, Informationen über mich könnten nach Berlin gelangen, ließ mich nicht ruhen.

Es war Weihnachten, und die Belegschaft feierte im Schwan. Mit reichlich gutem Essen, mit Wein und Schnaps. Als schon alle leicht angetrunken waren, begann man ein beliebtes deutsches Gesellschaftsspiel, das keinen Namen hat. Eine Unterhaltung mit sexuellen Untertönen. Ungefähr so:

Er: Möchten Sie noch einen kleinen Schnaps?

Sie: Haben Sie weiter nichts zu bieten?

Er: Es ist noch eine Menge in der Flasche, aber der Korken ist noch drin.

Sie: *(lacht)* Passen Sie auf, daß die Flasche nicht ausläuft.

Er: Ich hätte nichts dagegen, schöne Dame.

Sie: Meinen Sie, es würde mir bekommen?

Er: Probieren geht über Studieren.

Sie: Mein Mann schaut schon die ganze Zeit her.

Er: Nur keine Sorge, der ist ganz mit Frau Pohl beschäftigt.

Diese Art Flirt gefiel mir; ich fand das einfacher, als ein Mädchen beim Tanzen anzusprechen.

Ich versuchte, Stella mit auf mein Zimmer zu nehmen, kam aber nicht weit damit. Kolberg und Fräulein Blohm hielten mich scharf im Auge. Gleich anfangs hatte Kolberg zu mir gesagt: »Ich möchte nicht, daß Sie hier im Büro oder im Ort was mit Mädchen anfangen. Ich möchte auch nicht, daß Sie außerhalb des Büros Bekanntschaften machen. Wenn ich dahinterkomme, entlasse ich Sie sofort.«

Augenscheinlich hatte er seine Gründe, mich von der übrigen Welt zu isolieren; aber mein Interesse an Stella hätte er wirklich billigen können.

Vorbei war es mit der Freiheit des umgetriebenen Matrosen, ich war jetzt Mitarbeiter des Ministeriums und mußte mich entsprechend benehmen. Das war mir mehr zuwider als alles andere. Zwischen Weihnachten und Neujahr zog ich aus dem Schwan aus; der Wirt beklagte sich darüber, daß er nach zehn die Tür für mich aufschließen müßte. (Wie ich es fertigbrachte, mich so lange herumzutreiben, mag Gott wissen.) Ich fand in einem anderen Haus ein Zimmer unter dem Dach, hatte meinen eigenen Schlüssel, brauchte durch niemandes Wohnung, und die Haustür blieb die ganze Nacht offen.

Für Silvester verabredete ich mich mit einem Mädchen, das ich bei der Weihnachtsfeier kennengelernt hatte. Gegen zwölf gingen wir miteinander weg (zu Karneval und Silvester ist in Deutschland alles erlaubt), und ich nahm sie mit auf mein Zimmer. Das lag auf ihrem Heimweg. Im Bett feierte ich Genesung von der Kavalierskrankheit, meine Stellung bei Kolberg und das neue Jahr 1945, das das Kriegsende bringen sollte. Gertrud vertraute mir an – denn ein Ausländer ist politisch vertrauenswürdig –, daß ihr Vater Rechtsanwalt war, wegen Opposition gegen die Nazis im Gefängnis saß, und daß sie selbst den Scheißhitler und überhaupt die ganze Scheiße dicke hatte. Ein solches Mädchen war mir bis dahin in Deutschland noch nicht begegnet. Sie konnte sich ausdrücken, sprach ohne Umschweife, hatte keine Angst und haßte die Nazis. 1945 begann also gut. Als ich sie durch die verschneiten Felder heimbrachte, in der kalten, sternhellen Nacht, in der kein Laut zu hören war, schrie sie immer wieder betrunken: Scheißhitler, Scheißadolf, verreck doch endlich!

Ich mußte sie beschwichtigen, und sie war böse auf mich, weil ich nicht ebenfalls Flüche in den Wind brüllte. Ich hatte aber noch ein paar Monate vor mir, und ein verhafteter Jude war gewiß etwas anderes als ein verhaftetes deutsches Mädchen. Nur noch ein paar Monate, vielleicht Wochen; es wurde schon in Ostpreußen, in der Tschechoslowakei und in den Ardennen gekämpft. Hitlers Stündlein hatte geschlagen.

Anfang Januar stellte er Marschpapiere für mich aus, worin alle *Dienststellen der Polizei und der SS im Reich* aufgefordert wurden, Jan Gerrit Overbeek, der im Auftrag des Luftfahrtministeriums reiste, in jeder Weise behilflich zu sein. Diese Ausweise verschafften mir eine Fahrkarte (erster Klasse) nach Berlin, wo ich mich bei Herrn Kolberg in der Pension Friedrichsbahnhof melden sollte. Die Züge auf den Hauptstrecken verkehrten noch ziemlich pünktlich. Gelegentlich hielt der Zug, während Kolonnen von Kriegsgefangenen die Geleise reparierten, doch man kam noch an. In der von Einheimischen und Fremden wimmelnden großen Stadt fühlte ich mich zum ersten Mal, seit ich im November 1943 die Grenze überschritten hatte, wieder wohl und sicher. Dank meiner Ausweise durfte ich in Berlin beliebig umherwandern, so daß Kolberg mich nicht überwachen konnte. Am Kurfürstendamm und um den Alexanderplatz herum entdeckte ich Kneipen und Cafés mit Musik, Alkohol, Schwarzmarktzigaretten (das Päckchen zu 80 Mark) und Mädchen. Berlin gefiel mir. Die Arbeit war auch nicht gerade anstrengend. Ich mußte Briefe ins Ministerium in der Friedrichstraße tragen. Ich lieferte die in großen braunen Umschlägen steckenden Briefe ab, machte kehrt und sagte auf Wiedersehen.

»Wir sagen hier Heil Hitler«, fauchte mich ein Feldwebel an.

»Auf Wiedersehen«, sagte ich.

»Heil Hitler«, wiederholte der Mann und hob den Arm.

Ich hob ebenfalls den Arm, sagte aber nichts. Ein Feldwebel im Luftfahrtministerium kann einen nicht erschießen lassen, weil man Ausländer ist und nicht Heil Hitler sagen will.

»Ich bin Holländer«, sagte ich erklärend.

»Raus«, sagte er. Ich machte leise die Tür hinter mir zu. Ich brachte auch anderen Leuten in diesem Gebäude Briefe, Leuten, denen es einerlei war, ob ich Heil Hitler sagte oder Guten Morgen. Was sich in den Umschlägen befand, weiß ich nicht, es lockte mich auch nicht, einen Umschlag aufzumachen und nachzusehen. Hier erschien mir das Leben sicherer als an Bord der *Matthias Stinnes 18*. Und sicherer auch als in einem Lazarett, wenn man nicht richtig krank ist. Als Student der Geschichte war ich in Berlin am rechten Platz. Im Speisesaal der Pension Friedrichsbahnhof versammelte sich für gewöhnlich ein recht bunter Haufen zum Essen. Unter vielen hohen Offizieren sah ich auch einen mit roten Streifen an der Hose. General Wlassow, erklärte mir der Portier. Man sprach russisch und deutsch durcheinander, und ein kleines Orchester spielte dazu die neuesten Schlager. Mein Zimmer war nicht groß, aber bequem. Kolberg hatte sein Büro in der Friedrichstraße, im dritten Stock eines harmlosen Gebäudes. Ich ging zu Bett, wann es mir paßte, denn er rief nie vor zehn Uhr früh an. Irgendwie (wohl durch den Portier) bekam er heraus, daß ich erst gegen zwei, drei Uhr früh nach Hause zu kommen pflegte, und er bestellte mich zu sich. Er und Fräulein Blohm waren damit beschäftigt, in dem düsteren, halbleeren Büro Papiere zu bündeln. »Overbeek«, sagte er. »Es tut mir leid, doch ich muß Sie entlassen. Obwohl ich Ihnen ausdrücklich verboten habe, außerhalb des Büros Bekanntschaften zu machen, kommen und gehen Sie, wie es Ihnen paßt, und tun, wozu Sie Lust haben. Sie verbringen Ihre Abende mit allen möglichen Leuten.« Wußte er auch von Sonja, der kleinen Lettin?

»Es tut mir leid, Herr Kolberg, aber ich kann wirklich nicht den ganzen Tag im Zimmer sitzen. Ich muß doch auch mal mit jemandem reden.«

»Sie haben unsere Abmachung nicht eingehalten.«

Ich schämte mich meines kindischen Verhaltens. Er hatte selbstverständlich recht. Ich hatte zugesagt, mit niemandem zu sprechen, also mußte ich mein Wort halten. Er merkte wohl, daß ich aufrichtig bereute. »Ich lasse Ihnen das noch ein allerletztes Mal durchgehen. Warum setzen Sie sich nicht auf Ihr Zimmer und lesen ein bißchen Nietzsche?«

Der Grund, warum ich nicht Tag und Nacht Nietzsche lesen konnte, war, daß Nietzsche mir schon etwas angetan hatte, was bis dahin keinem anderen Buch gelungen war. Er hatte mich in einen Übermenschen verwandelt, ein Wesen ohne Herz und Seele. Nichts als kaltblütige, logische Berechnung, nichts als unmenschliche Distanz zu meinen Mitmenschen. Der Übermensch sieht auf die Welt und die Menschen herab, er lacht und faucht von seiner olympischen Höhe. Die Welt ist nichts als ein Abklatsch weicher Gefühle oder so ähnlich. Auf dem Gipfel meines Olymp, unter Generälen und hohen Funktionären eines untergehenden Reiches, suchte ich nach Spuren weicher Empfindungen. Jede Art Menschlichkeit war besser als gar keine. Den Juden hatte ich kein Mitmensch sein wollen, als ihnen der Tod drohte, weil sie Juden waren, doch jetzt fühlte ich mit den bejammernswerten Ausländern und den ärmlichen proletarischen Deutschen. Berlin hatte auch noch ein anderes Gesicht, nicht alles war Hakenkreuz. In den Augen der Arbeiter des Bezirks Wedding, der kleinen Leute auf den Bahnhöfen, der gemeinen Soldaten, die sich nichts aus Hitler und dem Krieg machten, gewahrte ich jenes Funkeln, das ich zuletzt an Seitz, dem roten Bürgermeister vom Goethehof, bemerkt hatte. Ich sah, wie der kleine Mann überall litt, Opfer einer faschistischen Diktatur und kapitalistischer Ausbeutung. Die Rotarmisten auf dem Vormarsch nach Berlin durch Schlesien und Ostpreußen waren meine Helden. Wenn möglich, liebte ich sie noch mehr als die Flugzeuge der Amerikaner und der Engländer.

Von Berlin aus fuhren wir mit dem Wagen nach Hamburg. Kolberg steuerte den Opel Kapitän, ich saß neben ihm und sorgte für Unterhaltung. Wir redeten über alles, was mir gerade in den Sinn kam, aber meist kamen mir nur irgendwelche wirren Philosopheme in den Sinn, eine Mischung aus Nietzsches ewiger Wiederkehr und der marxistischen These von der Gleichheit der Menschen. Ich traute ihm nicht, ich mißtraute ihm aber auch nicht. Daß er mich der Gestapo ausliefern könnte, glaubte ich nicht mehr, das wäre längst geschehen. Ich wußte, er brauchte mich, aber ich kam nicht dahinter, wozu. In Hamburg wohnten wir in dem üppigen Hotel Vier Jahreszeiten an der Alster. Die Alster war zugefroren, Hamburg schmutzig und zerbombt.

In Hamburg konnte ich mich nirgendwohin verdrücken, Kolberg blieb immer in der Nähe. Die Tage verbrachte ich gewöhnlich lesend auf dem Bett in unserem Luxusappartement, die Abende unter den juwelenstrotzenden, pelzbehangenen Damen der Offiziere und Industriellen im Luftschutzraum des Hotels. Die Protzerei vertiefte noch meinen Haß gegen die Reichen. Ich haßte jetzt nicht mehr nur die Nazis in Uniform, ich haßte auch die Reichen, die von diesem Regime profitierten. Wenn der Krieg zu Ende ist, wird es eine Revolution geben, träumte ich, und Deutschland wird nie wieder eine Hochburg des Kapitalismus und des Faschismus sein. Der Nazismus ist die Peitsche, die die Reichen über den Armen schwingen, die Starken über den Schwachen. Ich mochte mich selbst als Übermenschen, aber doch sozusagen nur ganz privat, als einen kommunistischen Übermenschen, einen Stalin. Einzig brutale Gewaltanwendung kann den Nazidrachen vernichten. Von Hamburg fuhr ich wieder nach Dillenburg, von Dillenburg nach Berlin und wieder hin und her. Meist lag ich auf der Bahn. Es war besser, nirgendwo zu sein als an einem bestimmten Ort.

Hamburg, den 4. März 1945, Sonntag abend, 21 Uhr 40 (ganz der kleine Historiker).

Man soll nur schreiben, wenn man etwas zu sagen hat, las ich einmal. Stets deutete ich den Satz, indem ich an das Wort »etwas« »Neues« hinzufügte. Deshalb kann ich seit Jahren nichts Längeres als einen Brief schreiben. Und je mehr man liest und je mehr man hört, umso tiefer erkennt man, daß es nichts Neues zu sagen gibt. Wenn »es« einmal bekannt ist, darf ich es nicht in neuen Nuancen schreiben. Das wäre Plagiat. Und was mir unbekannt ist, könnte vielleicht schon gesagt sein. Schreiben, was ich nicht weiß, geht ebenfalls nicht. Lieber will ich die Melancholie des Ohnmächtigen tragen, als die Befriedigung eines nur scheinbar Schaffenden haben. Dieser Hohn wäre unerträglich.

Wenn ich jetzt trotzdem Pläne, Entwürfe für große Arbeiten mache mit dem sich stets mehr festigenden Willen, diese einmal zu verwirklichen, kommt es daher, daß ich mir vornahm, durch Schreiben meinen Stil zu verbessern. Außerdem braucht man zum Schreiben die Gesetzmäßigkeit einander folgender Gedanken, und Gedanken mußten logischer gefaßt und ausgedrückt werden. Schreiben heißt für den Denkenden: Ordnung im Chaos der Empfindungen, Gefühle, Gedanken schaffen. Es gehört viel Mut dazu, Ordnung schaffen zu *wollen,* und noch mehr Kraft, es zu können. Aber erst muß man etwas *wollen,* und plötzlich

will ich es und werde es deshalb tun. Es wird einen Ringkampf in mir selbst geben, gegen mein anderes »Ich«. Der Wollende ist stärker, und deshalb werde ich einst siegen. So fangen Briefe an? Meine Briefe an Dich mögen so beginnen. Halt. Eine andere Frage: »Was« soll ich ihr schreiben? Daß ich sie liebe, daß ich einsam bin, daß ich von einem Wiedersehen träume? Daß es mir gut geht und ich von Herzen hoffe, daß es ihr ebenso gehen möge? Es ist schwer, die immer gleichen Empfindungen in neuer Auflage anzuführen. Es wäre leicht, wenn man »etwas« zu sagen hat, anstatt nur Zeichen hinzumalen (usw. usw.).
Ich habe viel gesehen, vielleicht zuviel. Es mußte so sein. Es ist mein Schicksal, die Bitternis des Zwiespalts schlucken zu müssen, immer und immer wieder. Ich bin jung und alt, naiv und kunstfertig, energisch und phlegmatisch. Abwechselnd oder gleichzeitig. Zart und fein und dann wieder roh und plump. Ich liebe den Süden und den Norden, augenblicklich mehr den Norden, das Südliche ist meine wahre Natur. Wenn man sich selbst nicht lieben will, ist es traurig. Der Süden ist mystisch, geheimnisvoll, oft undeutlich, vielversprechend, träge. Der Norden ist deutlich und hell, von schlichter Schönheit, rauher Herrlichkeit, kämpferisch, widerwillig, grausam gegen alles Schwache.
Also die Sache liegt so (dies eine Notiz für spätere Jahre): Nietzsche hat mich mit seiner Lehre verführt, hat mich allem Christlichen, Moralischen, Zweideutigen entrissen. Kein Glaube mehr, daß der Mensch *trotzdem* gut ist, kein Glaube mehr an die Demokratie, nicht einmal an den Arbeiter, an die Welt der Maschinen und Kommunen. Alles ist vorbei. Vielleicht gab er mir mich selbst wieder? Hätten seine Worte in meiner Wüste sonst ein Echo gefunden?
Platz dem einzelnen! Freiheit und Recht dem Auserkorenen! Qualität, nicht Menge! Schon zweifle ich daran, daß alle das Recht auf Leben hätten. Es ist nicht leicht, diese neue Idee zu erfassen, das Für und Wider zu erwägen, für

einen, wie ich es bin. Ein Kind des Humanismus und Kommunismus. Jetzt ist es soweit. Ich muß über eine Brücke, hinüber in die wahre Welt, eine kalte und einsame Welt, aus einer Welt, die mich mit Dämmerlicht und Mozartklängen schützte.
Was ist das Ziel? Daß man sich selbst ein Ziel steckt und nur für dieses lebt? Ich deute Nietzsche und seine Welt als eine Welt höchster Intelligenz, eine Welt des lachenden Ernstes, eine Welt der Starken und Mutigen. Ich las Nietzsche, und *mir* blieb der Satz: »Der die Macht hat, hat das Recht.« Und ich weiß, wer Macht haben wird: der körperlich Überlegene, der schöne, der imposante Mann. Macht über wen? Macht über den geistig Minderwertigen. Wenn ich überlege, daß es so sein wird, verzweifelt alles Menschliche in mir … Ich sehe deutlich eine Gefahr, die Gefahr der Entartung, in einer Welt, die nur für die körperlich Starken und den geistigen Adel da sein wird. Der Geist aber ist im Volk, der Geist des Volkes spricht eine irdische Sprache und bleibt »irdisch« selbst in seinen Mythen und Symbolen. Eine Herrscherklasse losgelöst vom Geist der breiten Masse wären »Räder, die aus sich selbst rollen«. Ich ahne etwas von der Wahrheit dieser Welt und der Macht eines zukünftigen Herrschers.
Ist das Niedrigste wert, vom Höchsten beherrscht zu werden? Es ist keine Kunst, die Dummen zu besiegen. Erst muß es eine Masse geben, die wert ist, daß man sie beherrscht. Oder will man billige Siege feiern?
Jetzt, mit zunehmender Müdigkeit, steigt wieder der Orient auf, mit sanften Händen und süßen Melodien. Es ist Nacht. Merkwürdig. Früher fühlte ich mich niemals verlassen, wenn es Nacht wurde. Ist Dämmerung nicht wärmer als ein Tag greller Sonne? Man sagt: Abends steigt kalter Nebel auf. Ich verstehe das nicht. Nichts ist so kalt für Augen und Herzen, als wenn die Sonne darauf brennt, und nichts gefährlicher als Nacht. Nachts verlaufen sich die Kinder, denn sie sehen nichts. Sie spüren nur. Sie gehen einem

Duft hinterher und folgen den Leuchtkäfern. Die Tiefen der Welt messen hat mich müde gemacht …
Der große Mensch muß zwei Leben auf einmal leben können … (usw. usw.)

Derartiges schrieb ich nieder in meinem nietzscheanischen Nibelungendeutsch von 1945. Jetzt kann ich nur daraus schließen: Ich litt an tiefer Depression, vermutlich hervorgerufen durch das unmittelbar bevorstehende Kriegsende.

Man henkte sie nicht, man erschoß sie nicht, man hätte wohl auch nicht gewußt, wo anfangen. In Kellinghusen verschwanden die Nazis zugleich mit den Hakenkreuzen, und wer in den Laden kam, sagte einfach nicht mehr Heil Hitler. Das wäre »taktlos« gewesen. Hitler war tot, Dönitz hatte kapituliert, die Reste des Heeres gingen in Gefangenschaft oder verstopften die Straßen, müde, hungrig, auf dem Rückmarsch von Dänemark. Man reichte ihnen vielleicht was zu trinken, ein Stück Brot. Die Zivilisten hatten aber nicht viel zum Verschenken. Der Friede war ausgebrochen. Wieder hieß es, jeder für sich, Gott für uns alle.

Als die Nachricht von Hitlers Tod eintraf, eröffnete ich Kolberg, daß ich ein Wiener Jude sei und nicht Jan Overbeek. Er nahm das hin wie ein preußischer Offizier. Ohne mit der Wimper zu zucken. Immerhin sagte er: »Ah.« Und dieses »Ah« war es, was ich seit zwei Jahren hatte hören wollen. »Ah« hieß: Du bist also doch schlauer, als ich gedacht habe, wunderbar. Gratuliere. Du hast gewonnen. »Fräulein Blohm ist Halbjüdin, Overbeek.« Nun war es an mir, »Ah« zu sagen, und da er offensichtlich ein netter Mensch war und ich noch am Leben, dank der Arbeit, die er mir beim Ministerium verschafft hatte, sagte ich »Ah«, doch war es ein höfliches »Ah«. Daß sie Halbjüdin war, sagte mir nicht viel. Halbjuden dienten sogar in der Wehrmacht und im Arbeitsdienst. Es ist zu kompliziert, hier zu erklären, wer als Halbjude gelten und damit Anspruch auf ein Leben als Bürger zweiter Klasse erheben durfte. Wie das gehandhabt wurde, ist mir nie recht klargeworden. Manche Halbjuden erhielten die Erlaubnis, dem Vaterland zu dienen, andere wurden in Konzentrationslager gesperrt. Fräulein Blohm also war Halbjüdin. Na und? Kolberg sah, daß mich das nicht beeindruckte, also suchte er nach was anderem.

»Ich habe wertvolle Arbeit für die Alliierten geleistet«, sagte er, und ich konnte mir nicht gut vorstellen, was er damit meinte. Wie hatte er wertvolle Arbeit für die Alliierten leisten können? Indem er Messerschmitts Flugzeugmetalle auf Fehler untersuchte? Indem er ein deutsches Zyklotron in einer getarnten Fabrik bei Kellinghusen einrichtete? Ich habe es einmal gesehen. Es sah aus wie eine große Maschine, vier oder fünf Meter hoch, und grau wie der Schutzanstrich einer fliegenden Untertasse. Ich wagte nicht zu fragen: Was meinen Sie damit? Genaugenommen wollte ich es gar nicht wissen. Jede Antwort, die er mir gegeben hätte, wäre falsch gewesen. Da ich seine Enthüllungen offenbar skeptisch aufnahm, fügte er hinzu: »Bleiben Sie hier, bis die Engländer kommen, Overbeek, und Sie werden sehen. Heute oder morgen müssen sie kommen. Sie sind mir behilflich gewesen, den Alliierten zu helfen, man wird das zu schätzen wissen.«

Oder wirst du es zu schätzen wissen? fragte ich mich. Was bin ich denn? Dein Privatjude? Ich sagte dies nicht, schließlich hatte er mir geholfen, ohne zu ahnen, daß ich Jude war. Immerhin war ich am Leben und gesund. Wahrscheinlich war es nun an mir, ihm einen Dienst zu erweisen, Großmut zu zeigen. Und wenn er es nicht so eindeutig erwartet hätte, wäre ich nur allzu gern bereit gewesen dazu. Aber er erwartete offenkundig, daß ich ihn deckte, sonst hätte er mich nicht aufgefordert zu bleiben. Vielleicht hatte er wirklich den Alliierten geholfen, während er den Deutschen half und sich selbst dazu. Die Errichtung des Zyklotrons hatte ihn davor bewahrt, Uniform anzuziehen und an die Front zu müssen. Was mehr konnte ein diensttauglicher Deutscher verlangen?

Das Zyklotron hatte ihm und seinen wissenschaftlichen Mitarbeitern, von denen ich mich nur an einen Dr. Wideroe erinnere, einen Norweger, ermöglicht, die Schlachten bei Stalingrad und Woronesch aus der Ferne in Pantoffeln zu betrachten. In welchem Zustand sich die Wehrmacht befand, konnte ich sehen, wenn ich ein Stück die Straße hinunterging. Warum sollte ich bleiben und damit einen Mann decken, der augenscheinlich Unangenehmes erwartete, denn würde er sonst meinen Schutz brauchen? Nein, ich fühlte mich nicht großzügig. Ich sah nicht ein, warum ich auch nur einen einzigen Tag länger als nötig in diesem beschissenen Land herumhängen sollte.

»Nein, Herr Kolberg, ich möchte nicht bleiben. Ich will nach Amsterdam und sehen, was meine Angehörigen machen.«

»Herr Overbeek, Sie sind jetzt achtzehn. Sie haben keine abgeschlossene Lehre, keinen Beruf. Ich könnte Ihnen in England oder in Amerika ein Stipendium verschaffen. Möchten Sie nicht Sprachen lernen und Philosophie studieren?«

»Ich möchte alles mögliche studieren, zunächst aber möchte ich nach Hause.«

»Seien Sie doch nicht so ungeduldig, Herr Overbeek.«

»Ich bin es nun aber mal.«

»Sie können auf keinen Fall weg, ehe die Alliierten hier sind.«

»Schön. Dann warte ich noch ein paar Tage.«

Die folgenden Tage verbrachte ich mit dem Vervielfältigen von Blaupausen und Briefen, Instruktionen und noch mehr Blaupausen. Warum und für wen, mochte der Teufel wissen. Wir nahmen Papiere aus einer grauen Schachtel und legten sie in eine andere graue Schachtel. Die Schachteln wurden in der Scheune gelagert. Ich wanderte lächelnd umher. Ich schmiedete ganz offen mit Jan, unserem tschechischen LKW-Fahrer, Pläne, wie man hier abhauen könnte. Er wollte den LKW mit nach Prag nehmen, ihn dort verkaufen oder ein Geschäft damit aufmachen. Alle meine Bekannten im Ort, italienische Kriegsgefangene, russische, ukrainische, holländische und französische Arbeiter, machten Geschäfte. Der eine kaufte oder vielmehr beschlagnahmte einhundert Schinken, der andere hatte einen Buttervorrat aufgetan. Ein dritter besaß die Schlüssel zu einem verlassenen Ladengeschäft, wieder einer wußte, wie man zu einem Motorrad Marke BMW kommen konnte. Warum stahl nicht auch ich ein Auto, eine Tonne Schmalz oder Butter? Weil ich keine Lust hatte, weil ich das nicht brauchte. Was hätte ich damit anfangen sollen? Hundertfünfzig Kilometer mit einem Butterklotz auf dem Kopf marschieren und ihn dann einem Bäcker verkaufen? Jan, unser Tscheche, half den Ukrainern bei der Räumung eines Bekleidungslagers und brachte mir braune Schaftstiefel. Braun gefiel mir, und die Stiefel konnten für den langen Rückmarsch nach Amsterdam nützlich sein. Es sah nicht so aus, als könnte man schon bald mit der Bahn fahren.

Ich sah britische Panzer nach Kellinghusen hineinrollen. Die Achte Armee verteilte Süßigkeiten und *Players*-Zigaretten, aber nicht an jeden. Nur an die Mädchen und die Kinder. Die Einheimischen verhielten sich entweder passiv, oder sie zeigten den Tommies den Weg. Die Kneipen waren voll, und wo es Andenken zu kaufen gab, ging das Geschäft glänzend. Als ich von meinem kleinen Spaziergang durch den Ort zurückkam, wo ich die Tommies angeglotzt hatte, die freundlich grüßten, wenn man lang genug glotzte, hatte sich unterdessen ein ganzes Regiment auf unserem Hof niedergelassen. Irgendwo hing auch ein Schild mit der Aufschrift EIGHTH ARMY, T-FORCE, KEEP OUT. Da ich aber im Haus wohnte, ließ man mich durch, obschon es ein Weilchen dauerte, bis ich das dem Posten verständlich machen konnte.

Ich war am Vormittag auch darum in den Ort gegangen, weil ich mich erkundigen wollte, wie es mit Transportmöglichkeiten nach Süden und weiter nach Holland stand. Die jungen Holländer in den Cafés wußten nicht, was sie aus mir machen sollten. Ich war besser gekleidet als sie, ich hatte überhaupt die kultivierte Aura des »Anderen« an mir. Wer mochte ich sein? Was wollte ich von ihnen? Wie sollte ich ihnen klarmachen, daß ich einer von ihnen war, wenn ich doch genau wußte, daß ich es nicht war? Zwei Lastwagen voller Ausländer waren bereits in südlicher Richtung abgefahren, ins Lager von Lüneburg. Jemand versprach mir, ich könnte mit dem nächsten LKW fahren, doch bemühte sich natürlich keiner besonders um einen so absoluten Außenseiter, wie ich es war. Ich glaube nicht, daß sie mich für einen Feind hielten, aber sicher wußten sie nicht, was sie von mir halten sollten. Wer war ich? Wer bin ich? Jude? Holländer? Nazi? Österreicher? Wie war ich denn in dieses scheußliche Nest geraten, wenn ich doch weder auf einem Hof hatte arbeiten noch in einem Arbeitslager hatte leben müssen? Ich war also wohl etwas Besonderes. Und dem war nicht zu trauen. Man wich mir aus. Kolberg versuchte ein letztes Mal, mich zum Bleiben zu überreden. Ich lehnte rundheraus ab, zumindest für jetzt. Zuerst will ich nach Hause, will sehen, ob meine Schwester und meine Freundin noch leben; wenn ich Lust habe, kann ich ja nach einigen Wochen wieder herkommen. Nach gut preußischer Bürokratentradition stellte er ein Schriftstück aus, in dem er mich »vorläufig« beurlaubte, nicht aber aus meinem Arbeitsverhältnis beim Ministerium entließ, das es entweder noch gab oder auch nicht.

Der Krieg ist vorüber. Alle Welt ruft Hurra, auch ich rufe Hurra, und mir ist übel dabei. Ich habe zuviel und zu rasch von einer Fleischkonserve gegessen, die uns jemand auf den Wagen geworfen hat. Außer Corned Beef ohne Brot hatte ich auch noch fetten, süßlichen Speck gegessen. Und nichts dazu getrunken. Und während alle anderen sagten: »Wo willst du hin? Ich fahre heim!«, war mir so schlecht, daß ich nicht reden konnte. Ich lehnte mich im Durchgangslager Lüneburg an einen Baum und kämpfte gegen den Brechreiz. Ich hatte auch Durchfall. Das Leben läuft aus mir raus, ich löse mich auf. Ich glaube, ich werde den Frieden nicht überleben. Der Krieg ist seit zwei Wochen zu Ende, und schon fürchte ich mich vor allen möglichen Krankheiten. Eine Krankenschwester aus Birmingham meint, vielleicht hätte ich Typhus oder

Malaria oder Cholera oder sonst was Schreckliches, und in ihrem Lazarett wäre ich am besten aufgehoben. Das ist in einem unbenutzten Rundturm, überall stehen Betten, nicht nur in Reihen, sondern kreuz und quer, wie auf einem Verbandplatz an der Front.

Ich sehe die Skelette aus Belsen (Bergen-Belsen ist ganz in der Nähe), die aus einer Welt auf mich starren, die ich nicht kenne; ich sehe offene Wunden an Menschen, die wunderbarerweise die Versuche überlebt haben, welche die Deutschen mit ihnen anstellten; ich spreche mit einem Mädchen, das Eltern, Geschwister und ihren halben Verstand auf dem dreiwöchigen Gewaltmarsch aus Buchenwald verloren hat, fast zweihundert Kilometer vor den Gewehrmündungen der ukrainischen SS-Bewacher, die jedem den Genickschuß gaben, der nicht weiter konnte; ich sehe die Tränen eines verrückt gewordenen, zahnlosen Greises von fünfundzwanzig Jahren; ich sehe muntere Kinder mit dem Finger in der Nase, es fehlt ihnen ein Auge, und ihr Spielzeug halten sie mit verkrüppelten Händen, deren Knochen vermutlich irgendein LKW-Fahrer von der SS zertrampelt hat, und ich habe plötzlich weder Diphterie noch Typhus noch Tuberkulose. Mir ist nur ganz einfach zum Sterben übel, und ich möchte glauben, es kommt davon, daß ich Corned Beef und fetten Speck ohne Brot gegessen habe. Es geht mir nicht gut, ich habe Schwierigkeiten mit meiner Identität. Oh, ich weiß, wer ich bin, daran liegt es nicht. Ich möchte nur nicht sein, wer ich bin. Es ist sinnlos, Jan Overbeek zu sein. (Wer weiß, man hält mich vielleicht für einen Kollaborateur; schließlich habe ich die letzten Wochen nicht in Bergen-Belsen zugebracht, sondern im Hotel Vier Jahreszeiten.) Aber auch falls niemand das denken sollte (und dagegen wäre ich völlig hilflos), kann ich mit Jan Overbeek immer noch nichts anfangen. Und mit J. L. auch nicht.

J. L. ist österreichischer Staatsbürger durch Geburt, jetzt vermutlich aber staatenlos. Der gesamte menschliche Abfall, der nach dem Krieg übrigblieb, alle diese Gespenster, die aus dem Nichts auftauchten, werden nach Nationalitäten geordnet und heimgeschafft. Ich habe kein Heim und keine Nationalität. In Wien wartet niemand mehr auf mich, und in Amsterdam kann ich nicht wieder leben. Jaap Granaat, selbst wenn er noch am Leben wäre, würde von keinem Flüchtlingskomitee mehr dafür bezahlt, daß er mich bei sich aufnimmt. Höchstens in Palästina könnte ich willkommen sein, denn dorthin sind meine Eltern von Wien ausgewandert. Daß sie angekommen sind, weiß ich dank einer Rot-Kreuz-Postkarte, die ich 1941 über Genf bekam. Palästina ist also der einzige Ort, wohin es mich derzeit zieht, und ich möchte noch den kleinen Umweg über Amsterdam machen, um zu sehen, ob meine Schwester Ditta mitsamt ihren Pflegeeltern noch am Leben ist. So sehr eilig habe ich es übrigens nicht, denn die Einreisegenehmigung nach Palästina bekomme ich nicht so bald. Nur 1500 Personen dürfen monatlich einwandern: Warum sollte ausgerechnet ich einer von diesen sein?

Wir stellen uns vor einem langen Tisch um eine neue Identität an – die Leute aus Belsen haben nicht einmal eine falsche –, und während ich die bunte Mischung aus Nationalitäten und Rassen vor mir in der Schlange betrachte, in der vom Chinesen bis zum Algerier alles vertreten ist, übersetze ich meinen Namen ins Hebräische, so gut ich kann, und sage: »Ich heiße Jakov Chaklan, geboren am 10. Februar 1927 in Haifa, Palästinenser.«

»Angenehm«, sagt ein junger Soldat mit ironischem Oxfordakzent zu mir und reicht mir ein neues Stück Papier, das ich neben meinem Paß und den von Kolberg ausgestellten Papieren unterbringe.

»Ich möchte jetzt nach Holland«, sagte ich, »dort bin ich von den Deutschen aufgegriffen worden. Ich bin dann nach Deutschland gegangen, weil ich mich notfalls als Palästinenser internieren lassen, nicht aber als Jude zu erkennen geben wollte. Das war zu riskant.« Hinter mir in der Schlange warten zu viele auf eine neue Identität, und wen kümmert es schon, wer und was ich bin? Als Jakov Chaklan, Palästinenser, werde ich in einer alten Dakota nach Brüssel geflogen. Zum erstenmal in der Luft, mit einer Ladung ehemaliger Lüneburger (die schlimmsten Fälle wurden dort behalten, weil man die Belgier nicht erschrecken wollte), komme ich mir vor wie im Prater. Ich gleite durch die Luft. Es ist zum Lachen und zum Heulen. Alle an Bord des Flugzeugs amüsieren sich königlich. (Hätten diese Dakotas uns ein paar Jahre früher ausgeflogen, wäre unsere Fröhlichkeit weniger hysterisch gewesen.) Lauter lustige Gesichter, und ein junger Soldat muß uns dauernd ermahnen, denn irgendwo liegt jemand unter einer Decke im Sterben.

In Brüssel steht für jeden ein Bett bereit, in einer Schule. Ich war letzthin bessere Unterkünfte gewöhnt und gar nicht scharf auf die beiden tunesischen Nachbarn, die wahrscheinlich die ganze Nacht hindurch palavern und pudern würden. Brüssel war augenscheinlich nicht der Ort, wo man auf den Weitertransport nach Amsterdam warten sollte. An allen Straßenecken machen Amerikaner Musik, sie marschieren auf und ab, sie grüßen, sie verteilen Fähnchen. Die Kinder hopsen vor Seligkeit von einem Bein aufs andere. Auch deutsche Soldaten pflegten Musik zu machen, hin und her zu marschieren und Fahnen herumzureichen, sie verteilten aber weder Bonbons noch Zigaretten. Und darin liegt der wesentliche Unterschied zwischen den Armeen. Die Musik allein macht es nicht. Zur holländischen Grenze wird man ohne weiteres mitgenommen. Man braucht bloß auszusehen wie der verlorene Sohn. Der Wirrwarr an der Grenze, die von Holländern und Engländern bewacht wird, ist groß. Ein palästinensischer Einwohner Hollands, aus Deutschland zurück? Nun ja, warum nicht? Es gibt schließlich auch russische Mongolen, dänische Eskimos, Inder und Kuwaitis aus Abessinien, die hier durchreisen. Alles, was nach dem Zusammenbruch des Dritten Reiches noch übrig ist (zu wenig Zement, Herr Streicher, zu wenig Stahl, Herr Keitel) beeilt sich, dorthin zu kommen, wo es zu Hause zu sein glaubt.

Die erste Stadt im befreiten Holland ist mit Glühbirnen von Philips nur schlecht beleuchtet. Für mich ist Eindhoven immer gleich Philips gewesen. Eine Stadt, die wohl eigens für Leute da ist, die mit Elektrizität zu tun haben wollen. Im Mai 1945 haben viele Schulen Stroh in ihre Klassenzimmer gebreitet, um Durchreisenden ein Nachtlager zu bieten. Mir ist, als sei ich wieder auf der *Matthias Stinnes* – das Appartement im Hamburger Hotel ist wie nie gewesen. Ich besitze nichts und kann es nirgendwo unterbringen. Ich trage ein Bündel Kleider im Seesack eines Matrosen, doch weiß ich nicht, wo bleiben damit. Der Schatz in diesem Seesack sind die Tagebücher, die Briefe an meine Liebste mit dem festen Busen. »Meine Liebste«, heißt es da in roter Tinte. »Ich liebe Dich mehr als alles. Deinetwegen werde ich diesen Krieg überleben.« Und das meinte ich nicht ironisch, als ich es hinschrieb. Sie heißt Cilly Levitus, und ich muß sie finden. Orpheus zurück aus der Unterwelt, auf der Suche nach seiner Eurydike. *Ach, ich habe dich verloren, meine Ruh' ist nun dahin, oh, wäre ich nie geboren, weh, daß ich auf Erden bin. Ah und Oh und Weh.* Vokabular des unglücklichen, romantisch Liebenden in Glucks germanischer Version des Orpheus, der in Wirklichkeit um seine Jugend trauert.

Ich bin nichts weiter als ein gewöhnlicher romantischer Held in einem schlechten Stück. Ich liebe, sobald ich mich die Worte »Ich liebe dich« sagen höre. Wenn ich sage: »Deine Augen, deine Lippen, sie sind mein, ich denke dein und einzig dein«, so wiederhole ich nicht nur Wort für Wort den Text eines Schlagers, sondern ich meine jedes Wort. Vielleicht liegt es an der Wiener Erziehung, oder an der holländischen Erziehung, oder an meinen deutschen Erfahrungen, jedenfalls wurden (und werden) Gefühle von Phrasen ausgedrückt, vielleicht, um uns vor einem Schweigen zu bewahren, das uns zum Nachdenken bringen könnte. Wie dem auch sei, mit achtzehn Jahren quoll ich über von Wörtern wie Liebe, Schönheit, Wunder, für immer. Sie erzeugten in meinem Kopf eine solche Menge Dunst, daß der Auftrieb ausgereicht hätte, mich über Eindhoven hinwegschweben zu lassen, hätte ich es nicht vorgezogen, zu Fuß hindurchzumarschieren.

Ich wickelte den Schatz in braunes Packpapier und ließ den Seesack in der Schule. Mochte man mir denn mein letztes Paar Socken stehlen; meine »wesentliche Existenz« trug ich in Paketform bei mir. Meine »wesentliche Existenz«, wie ich, Nietzsche variierend, sagen möchte, ist, was ich geschrieben habe. Was schwarz oder rot auf weiß steht, läßt sich nicht auslöschen. Das gesprochene Wort ist ein Gebet, das geschriebene ist ein Opfer. Jedes geschriebene Wort ist sakrosankt, es darf nicht weggeworfen werden. Nicht jedenfalls, wenn es von mir geschrieben ist. Derzeit habe ich ganze Schränke und Körbe voller heiliger Schriften, 1945 aber besaß ich erst diesen einen Stoß Papier, und dazu vielleicht noch dies und das, was bei meiner Schwester in Amsterdam überdauert haben mochte. Wie ein Priester auf der Suche nach seiner Gemeinde frage ich jeden, dem ich begegne, ob er von einem Mädchen namens C. L. gehört habe. Und wirklich, jemand hat. Aus Frankfurt? Ja. Krankenschwester? Ja. Braunes Haar? Ja. Blaue Augen? So um die neunzehn oder zwanzig? Ja. Das ist sie. Sie muß es sein. Krankenschwester in einem der Hospitäler. Ich ziehe mein bestes Hemd an und schleppe mein eigenes Gewicht in Papier ans andere Ende der Stadt. »Ist bei Ihnen eine Krankenschwester namens C. L. beschäftigt?« »Möchten Sie, daß wir sie rufen? Bitte warten Sie dort unten in der Halle.« Ich kann nicht mal rauchen vor Aufregung. Ich stelle mich heiter, gelassen. Gleichmütig. Stoisch. Jemand ruft mich von oben durchs Treppenhaus an, mit strahlendem Gesicht. In der gleichen Tracht, in der ich sie zuletzt gesehen hatte, als sie für die Säuglinge sorgte.

»Und ich denke, du bist tot«, lächelte sie.

»Tot hast du gedacht?« Ich? Tot? Achtzig Fliegerangriffe habe ich überlebt, und sie hat gedacht, ich sei tot? »Natürlich bin ich tot, selbstverständlich bin ich tot. Jawohl, ich bin tot, und das hier, das schenke ich dir.« Und ich reiche ihr das Paket.

»Was soll ich jetzt damit? Ich habe alle Hände voll zu tun. Was ist denn drin?«

»Papier«, sagte ich matt. »Briefe an dich.«

»Hol mich ab, wenn ich hier fertig bin, dann kannst du sie mir geben.«

Ich wollte die Briefe nicht wieder mitnehmen. Am besten wäre es gewesen, sie an Ort und Stelle zu verbrennen.

»Sie gehören dir.«

Sie nahm die Briefe, nicht sehr erfreut, denn nun mußte sie den ganzen Tag ein Paket hüten.

Noch nicht ganz überzeugt, daß ich wach, am Leben und nicht etwa ein Gespenst war, bedurfte ich einer weiteren Bestätigung. Ich gab noch nicht auf.

»Also gut, treffen wir uns heute abend.«

»Wenn ich es recht bedenke, wird das nicht gehen«, sagte sie. »Ich sage dir lieber gleich, ich werde abgeholt.«

»Du hast einen Freund?«

»Einen englischen Soldaten. Er ist ein lieber Junge.«

»Einen Freund hast du? Einen englischen Soldaten?«

»Und warum nicht?«

Ja. Warum nicht?

»Nun, dann sehen wir uns eben nicht.«

»O doch, das müssen wir. Wir haben uns soviel zu erzählen. Warum kommst du nicht Samstag nachmittag zu Jutta und mir? Du erinnerst dich an meine kleine Schwester? Du wirst sie nicht wiedererkennen. Erinnerst du dich? Sie war noch ein Kind.«

Der Krieg war vorüber, und die Sprache hatte ihre Bedeutung verloren. Worte der Liebe, Worte des Vertrauens und des Glaubens, Worte der Hoffnung und immerwährenden Zuneigung und Worte von Küssen und Wolken. Alles unbrauchbar. C. L. kurierte mich von dem in achtzehn Jahren gesammelten österreichisch-jüdischen Schmalz. Es gefror im Eis ihres gesunden, normalen Lachens über soviel Aberwitz. Da ich ganz offenbar nicht gemeinsam mit einem englischen Soldaten ihr Lager teilen konnte (auffordern hätte sie mich wenigstens sollen, das Luder, nicht mal mit dem Finger bin ich an ihre Möse gekommen!), ging ich. Noch etwas geschwächt von dieser schweren Operation (eine Kinderschwester hatte mir die romantische Liebe amputiert), ging ich zurück ins Stroh des Chemiesaals der Schule, um erst einmal darüber zu schlafen. Ich hätte wirklich nicht mehr am Leben sein dürfen. Es war zwar nicht meine Schuld, daß ich noch lebte, aber ganz unschuldig war ich eben auch nicht daran. Dies war die Strafe dafür, daß ich klug gewesen war und Glück gehabt hatte. Daß ich überlebt hatte, war ein schwerer Fehler, und was andere als Erfolg sahen, sah ich als Beweis für mein Scheitern. Konnte C. wirklich erwarten, daß ich noch lebte, bloß weil mir, dank meines Mangels an Phantasie, nichts anderes eingefallen war?

Schule für Alchemie

Mit zehn Jahren wollte ich Fürst Myschkin sein, und es brauchte eine Zeitlang, bis ich dahinterkam, daß dies unmöglich war. Knapp zehn Jahre später beschloß ich, Schriftsteller zu werden, und es brauchte fünfzehn Jahre, bis ich einsah: werden kann man höchstens Briefträger, jemand, der seine freie Zeit für regelmäßigen Lohn eintauscht. 1945 waren Existenz und Identität zweifelhafte Dinge. Es wurden zu viele Beweise verlangt, zu viele Unterlagen sollten beigebracht werden. Mit der einfachen Tatsache, daß ich noch am Leben war, konnte ich mich nicht abfinden. Meine Freundin mochte ich an einen anderen verloren haben, doch hatte ich einen Krieg gegen Hitler und Goebbels gewonnen, indem ich beide überlebte. Ferner hatte ich zahllose kleinere Übermenschen überlebt, die mir in ihren Konzentrationslagern nur allzugern lebendig die Haut abgezogen oder im Namen der Wissenschaft beobachtet hätten, wie der Mensch die Einführung von Krebszellen in die Leber verkraftet. Den Krieg zu überstehen hatte mir nicht mehr Mühe bereitet, als eine Wirtshausrauferei zu überstehen. Bei der Überprüfung meiner Habe stellte ich fest, daß sie aus nichts als der bloßen Haut bestand. Alles übrige war dahin, Zionismus, Idealismus, Liebe, Haß und Sprache. Das Schlimmste – keine Sprache. Als ich zwei Jahre alt war, verließ uns Mitzi, das Dienstmädchen, und kehrte in ihr Dorf in Niederösterreich nahe der tschechischen Grenze zurück. Sie war von Hadres nach Wien gekommen, weil ihre Brüder sie prügelten, wenn sie betrunken waren. Zurück ging sie wahrscheinlich, weil wir sie uns nach dem Zusammenbruch von Wallstreet oder wie man das nannte, nicht mehr leisten konnten; die meisten Wiener Geschäftsleute wurden damals unter den Trümmern begraben.

Vielleicht hätten wir sie uns aber doch noch leisten können, und meine Eltern fürchteten nur, sie könnte noch einmal mit dem Sohn im Arm vor der Wäsche auf dem Herd einschlafen und die Flamme vom überkochenden Wasser löschen lassen. Furcht, Erregung, Übermüdung und die Umarmung großer Frauen benehmen mir immer noch leicht den Atem.

Mitzi war also nicht mehr da. Sie hatte mich gelehrt, die Dinge beim Namen zu nennen. Ein Reindl, ein Schweindl, ein Heferl, ein Depp. Ohne sie wußte ich nicht, was sagen. Ich suchte immer nach Wörtern, konnte nie genug finden, ich suchte Mitzis Brüste, um mich zu ernähren, Mitzis Knie, um darauf zu reiten.

Hoppa, hoppa, Reita,
wenn er fällt, dann schreit a
fällt a in den Grabn
fressen ihn die Rabn
fällt a in den Sumpf
mocht da Reita – plumps.

Die Knie gehen auf und ab, auf und ab, plötzlich gehen sie auseinander, und – plumps – das Kind liegt am Boden. Sie ließ mich auf ihren Knien reiten, wärmte im eisernen Küchenbett ihren nackten Körper an meinem und lehrte mich nebenbei einige einfache Wörter. (Und was ist Literatur schließlich anderes?) Mitzi war Liebe. Meine Mutter mußte sich um noch zwei Kinder kümmern. Die Milch der Literatur wurde mir von vier Brüsten gleichzeitig gereicht. Von meiner moralischen, achtbaren jüdischen Mutter und von Generationen kräftiger, halb verrückter österreichischer Bauern.

Ich brauchte sie beide (brauche sie heute vielleicht noch), hoppa, hoppa, Reita – und Mitzi war auf und davon, wie ein Pferd. Ihr widmete ich mein erstes Gedicht.

Vom himml fall ich zua ead
kauf mia ein großes pfead

dann reit ich schnell davon
und krieg einen luftballon.

Poesie sublimiert die besten Dinge der Welt, und Phantasie bleibt das Asyl der Unglücklichen. Auf dem großen Pferd, das ich mir eines Tages anschaffen würde, wollte ich Mitzis Busen bis ans Ende der Welt verfolgen.

Auch 1951 kam alles auf Sprache an. Wie das richtige Wort im richtigen Augenblick verwenden. Wörter kann jeder in die Tasche stecken und daheim auf tieferen Sinn untersuchen. Aus den Taschen, in denen sie die Wörter verschwinden ließen, zauberten Onkel und Tanten Geldstücke. Sie küssen den Dichter auf beide Wangen, streicheln seine blonden Locken. Auch wenn der Dichter behaupten würde, er hätte nur ein Selbstgespräch geführt – Leute, die herumstehen, wenn der Dichter rezitiert, sind überzeugt, jedes einzelne Wort ist eigens für sie bestimmt.

Sprache war wiederum das Problem, diesmal die Lösung nur in mir selbst zu finden. Ich hatte dringend eine Sprache nötig, um heraufzuholen, was in die Donau und den Rhein und in manch andere Gemütszustände versunken war.

Ich brauchte Sprache und Zeit, sie zu finden. Ohne Sprache schien alles undenkbar. Ich konnte mich in meinem verrosteten Österreichisch und dem Holländisch der Flußmatrosen unterhalten und in jeder europäischen Sprache um ein Glas Wasser bitten. Mein Leben lang war ich Schriftsteller gewesen, seit Mitzi uns verließ und wiederum, nachdem ich Hartls Volksschule absolviert hatte.

1945 fiel's mir schwer, mich im einfachsten Satz zu erklären. Ich konnte zwar von den Jahren in Deutschland reden, aber keiner begriff, was ich damit sagen wollte. Ich brauchte das Verständnis der gesamten Welt, aus der ich am 20. Juni 1943 verschwunden war. Cilly L. hatte mir die Liebe ausgeredet, und Fritz Sofer war weit weg. Die Ohren, die mir zuhören konnten, waren am anderen Ende der Welt, im Nahen Osten. Meine kleine Schwester und Louis und Alice

Polak waren zwar wieder aus der Unterwelt aufgetaucht, die Freunde blieben verschwunden.

Mit einer neuen Freundin, Ida, konnte ich einen Strohsack teilen. Liebe aber, so dachte ich damals, ist eine gemeinsame Sprache. Um sprechen zu können und verstanden zu werden, mußte ich mich auf den Heimweg machen. Ida kam bis zur Grenze mit. Sie brachte jedes Fahrzeug bei jeder Geschwindigkeit zum Stehen, ohne mit Busen oder Hintern zu wackeln. Ihr vorgesetzter rechter Fuß genügte, mein Winken war lächerliche Turnübung dagegen. Die Fahrer nahmen mich wohl oder übel in Kauf. Der unvermeidliche Dritte im pornografischen Film.

Ich war der Eskimo, der seine Frau gegen eine Schlittenfahrt zu neuen Jagdgründen eintauscht. Auf dieser Reise lernte ich den Besitz einer eigenen Frau schätzen. Liebe und Hingebung sind Vermögenswerte. »Vorteilhafte« Tugenden. Natürlich muß man seine Frau lieben, sonst ist sie nichts »wert«. Eine eigene Frau ist gute Handelsware.

Das war keine Reise von Holland nach Palästina, sondern der Abschied vom Kindergarten romantischer Schwärmerei in ein Land für Erwachsene. Zynische Ausbeutung der Frau ist das Geburtsrecht *wahrer Männer*. Sie wird von beiden Parteien als normal und natürlich angesehen und nur hie und da von der Idee *des glücklichen Pärchens* verschleiert: ein menschenunwürdiger Zustand, manchmal auch Ehe genannt, eine Art Kontrakt zwischen Herr und Diener auf Lebzeiten abgeschlossen, durch gelegentlichen Rollenwechsel versüßt.

Sieben Jahre nationalsozialistischer homosexueller Herrschaft der Starken über die Schwachen hatten hingereicht. Es war nicht mal nötig gewesen, selbst Nazi zu werden, das Ein- und Ausatmen der verpesteten Luft brutaler Homosexualität hatte gereicht (und selbst diese war dem Einatmen von Blausäuredämpfen in geschlossenen Duschräumen vorzuziehen), mich zum Zyniker zu machen. Als wir uns zum Abschied küßten und ich ihr versicherte, daß ich sie liebe und hoffe, sie würde bald nachkommen, muß sie die Lüge auf meiner Zunge gekostet haben, aber vielleicht kam mir das auch nur so vor. Vor dem bemalten Schlagbaum, der, von Soldaten umstanden, die Chaussee versperrte, lächelten wir uns abschiednehmend zu. Über dieses Hindernis mußte ich aus eigener Kraft hinweg. Ins Unbekannte hineinlaufen war, genaugenommen, reine Privatsache.

Es war nicht schwer gewesen, 1943 die belgische Grenze auf der *Matthias Stinnes* zu überqueren, die Deutschen hatten mir den Jan Overbeek geglaubt, warum also sollten die Alliierten an meinen neuen Papieren Anstoß nehmen? Ich blieb Jakov Chaklan, Palästinenser, bis zur französischen Grenze bei Maubeuge. Als ich aus dem Zug stieg, wurde ich verhaftet und zusammen mit zwei mir völlig unbekannten Polen von einem französischen Korporal abgeführt. *Un-deux, un-deux*. Anfangs lachte ich, hielt das für einen Witz. Wer konnte so verrückt sein, mich verhaften zu lassen? Nicht einmal die Gestapo hatte sich solche Unverschämtheiten erlaubt. Als man andeutete, ich könnte ein aus dem Lager geflohener deutscher Kriegsgefangener oder ein SS-Mann auf dem Weg nach Spanien sein, wurde ich wütend. Ich mochte nicht gerade Jakov Chaklan, Palästinenser, sein, aber ein aus Deutschland kommender Jude war ich gewiß. Auf französisch konnte ich mich allerdings nicht verständlich machen, und zuhören wollte ohnedies niemand. Ich war »verdächtig«, und das überraschte mich im Grunde nicht. Wenn ich mir schon selbst nicht traute, warum sollten dann andere mir trauen?

Man stieß mich durch eine Tür, die »Intelligence« hieß, und ich mußte meine Hosen herunterlassen. Der Nachrichtenoffizier vom MI-6 war anscheinend nicht unerfahren in der Betrachtung von Schwänzen; was keinem Naziarzt je aufgefallen war, merkte er sofort. Der Mann hat keine Vorhaut, *also* ist er Jude. Mit alliierter Intelligenz einwandfrei als Jude erkannt, bat ich jetzt um eine Fahrkarte nach Haifa. Er gab mir Reisepapiere und Lebensmittelkoupons bis nach Marseille. In Marseille würde ich die andere Hälfte der Karte bekommen, wahrscheinlich aber erst die Bibel auf Hebräisch hersagen müssen.

Am Gare du Nord in Paris empfing mich ein Komitee nicht mehr so junger Damen. Ich war der erste Palästinenser auf Durchreise, man zeigte mit dem Finger auf mich. Leute baten mich prompt, auch ihnen ein »Zertifikat« zu beschaffen. Jeder wollte aus irgendeinem Grund nach Palästina emigrieren, auch die, denen man den Pionier nicht ansah.

Jeder wollte aus Paris weg. Paris (Arc de Triomphe, Champs-Elysées, Jean Gabin, Emile Zola, Dreyfusprozeß und heiße Kastanien an den Straßenecken) war schwül und bewölkt, voll schäbig gekleideter Zivilisten und aufgeputzter Soldaten.

Ich mußte den Bahnhof wechseln und traf ganz zufällig am Gare du Nord ein Mädchen, das mit mir 1938 von Wien nach Den Haag im Zug und später im gleichen Flüchtlingslager saß. Ich habe sie groß und kräftig und *arisch* aussehend in Erinnerung. Sie hieß Metta Lande und arbeitete bei einer illegalen Organisation, die etwas mit illegalen Transporten von Flüchtlingen quer durch die Linie englischer Schlachtschiffe vor der palästinensischen Küste zu tun hatte.

»Warum tust du das?«

»Weil es wichtig ist.»

»Warum gehst du nicht selbst und hilfst beim Aufbau des Landes?« (So hieß das.)

»Weil sie dem ›Land‹ bereits in Paris hilft.«

Eine Stunde lang überlegte ich es mir. Wenn ein Mädchen einer illegalen Organisation nützlich sein kann, müßte ich es ebenso können, mit meiner reichen Erfahrung als assistierender Spion.

»Eigentlich müßte ich hierbleiben und dir helfen, Metta. Aber ich bin ein Feigling. Kann keinem helfen. Habe etwas verloren. Genaugenommen alles. Mein Lebensziel, meinen Idealismus, meine Sprache, meine Freunde.«

»Was erwartet dich in Palästina?«

»Eltern. Eins nach dem andern. Zuerst muß ich meine Eltern wiedersehen.«

»Eltern, das ist was anderes.«

Ich glaubte meiner eigenen Ausrede zwar nicht, aber es war immerhin möglich, daß sie mir glauben würde.

Daß noch andere Juden überlebt hatten, war mir ganz und gar egal. Mir war alles einerlei. Als ich mir mein eigenes Versteck grub, gingen sie per Charter nach Auschwitz. Ich haßte sie wiederum beide. Juden und Deutsche. Erstere, weil ich Mitleid mit ihnen hatte, die andern, weil ich ihnen eigentlich mein Leben verdankte (dachte ich damals). Ich hatte es wie einer von ihnen überlebt.

Ein arisch gewordener Nicht-Arier, ein stummer Zeuge des Gemetzels. Ich haßte *sie* (also alle) und mich, zweifach. Einmal wegen meines Selbstmitleids und einmal wegen meiner gleichgültigen Selbstgefälligkeit. Mögen die Juden nach Amerika, Indien, Brasilien oder zur Hölle fahren. Natürlich konnte ich Metta das nicht sagen. Ich sagte: »Eins nach dem andern.« Die Wahrheit hätte ich keinem, auch mir selbst nicht, gestanden. Jede weitere Aufregung schien mir überflüssig. Normales Atmen ging bereits zu schnell, ließ mich im Schlaf nach Luft schnappen. Oder um es anders zu sagen: Dem leblosen Zustand meines Hirns war die geringste Bewegung, die über normales Atmen ging, zu anstrengend. Das war die Wahrheit.

Mit dem Mut war's vorbei. Ich war vor Feigheit fast gelähmt. Ich schämte mich, mir war von mir selbst übel. Im Gesicht war nichts zu sehen, nicht der geringste Kratzer, es war, wie die Fassade dieser Stadt, von Bombenschäden verschont geblieben. Was für eine Art Mensch bin ich? Zu Tode erschrocken, wenn Autoreifen quietschen, zu Tränen gerührt, wenn andere weinen?

»Metta, ich bin unbrauchbar. Eine Leiche. Möchte nur nach Hause und mich ausschlafen. Kann kaum auf den Beinen stehen.« Bis Marseille träumte ich im Schlafwagen von Sonne und glücklichen Gesichtern, denen Tränen über die

Wangen laufen. Anscheinend war ich noch nicht alles los. Sentimentalität war mir offenbar geblieben. »Warum nicht sentimental sein, die Zeit vergeht ohnehin so schnell.«

Ich gehöre zur Generation der Tangotänzer, artiger Höflichkeiten, schöner Gefühle, einfacher Phrasen. Halb Gentleman-Verbrecher, halb Pionier-Hochstapler – wie gewöhnlich unterwegs mit falschen Papieren unterm Kopfkissen. Der englische Konsul in Marseille behandelte meinen Spezialfall mit dem einer Lüneburger Identitätskarte gebührenden Respekt: »Jakov Chaklan. Geboren am 10.2.1927 in Haifa. Palästinenser. Vielleicht. Aber vielleicht auch nicht.« Eine philosophische Betrachtung meiner wahren Existenz in königlicher Amtssprache. Er wollte nur eines damit sagen: »Die Regierung Seiner Majestät hat nichts dagegen einzuwenden, wenn ich mich mein Leben lang Brown, Smith oder Chaklan nennen will. Aber nur ein Geburtsschein, ausgestellt von der zuständigen Behörde der Mandatsregierung, könnte das beweisen.« Den ersten wirklich intelligenten Mann meines Lebens traf ich in Marseille, einer, der endlich an meiner Identität zweifelte. Ich beschloß: Die ganze englische Nation ist einfach genial (trotz meiner Erfahrungen in Lüneburg und Maubeuge).

Statt sie zu hassen, weil sie die paar tausend Überlebenden nicht nach Palästina einwandern ließen, liebte ich sie. Verpflanzte ich meine Haß-Liebe für die Deutschen auf ihre kühlen Vettern im Atlantischen Meer? Deutsche? Was sind schon Deutsche? Deutsche sind Gefangene, die Trümmer aufräumen, Deutsche sind verängstigte Augen, die in jede Wochenschaukamera von Narvik bis Odessa starren, Deutsche sind halbverrückte unrasierte SS-Fressen, verhaftete Reichsminister. Reich? Dieser riesige Bombenkrater nördlich der Alpen? Scheiß auf die Deutschen. Ihr tausendjähriges Reich hat zwölf Jahre gedauert. Sie hatten eine Geisel wie mich in den Fingern und ließen mich entwischen. Ich war eben dabei, mich mit einem neuen Feind zu schlagen. Die Engländer und ihre Blockade. Um einen Feind zu besiegen, mußte ich ihn zunächst lieben und hassen. So kam mir das damals vor.

Im Lager von Marseille schliefen wir in Zelten, standen Schlange um unser Essen, machten bei Dunkelwerden Lagerfeuer. Ein gemischtes Pfadfindertreffen. Es gab reichlich Mädchen in Männerhemden, mit flachen Absätzen, ohne Make-up. Ich kannte das von Gouda her. Ich suchte nach Anzeichen von Folter, doch Belsen und Auschwitz waren offenbar Ferienlager gewesen. Daß sie der Hölle entronnen waren, konnten sie einzig mit den Nummern auf dem Unterarm beweisen. Alle wirkten rosig und wohlgenährt, und ich begriff das nicht.

Nach und nach erfuhr ich, daß die meisten zu irgendwelchen Kommandos gehört und höhere Rationen bekommen hatten. Sie mußten die Verwandten aus den Gaskammern holen und verbrennen. Unter den rosigen Überlebenden fand ich einen, der Tuberkulose auf beiden Lungen hatte. Da wurde mir etwas wohler.

Jede Woche fuhren Schiffe unter griechischer oder französischer Flagge aus Marseille ab. Die erforderlichen Zertifikate waren im Besitz von Leuten, die sie schon vor dem Krieg bekommen hatten und von den Deutschen an der Ausreise gehindert worden waren; weitere Zertifikate gingen *en bloc* an Überlebende aus Belsen und Auschwitz, die in ihre Heimatländer Polen und Ungarn nicht zurückkehren konnten oder wollten. Dies waren die amtlich beglaubigten Reste der sechs Millionen Toten. Ich war kein amtlich beglaubigter Überlebender, hatte also abzuwarten, bis ich an die Reihe kam. Hätte ich doch nur gewartet, mein Französisch wäre heute besser. Statt dessen hatte ich keine Ruhe, trieb mich am Kai herum und beobachtete zwei oder drei Wochen lang, wie die Einschiffung auf Sammelzertifikat vonstatten ging.

Ich hörte, daß die Namen in alphabetischer Reihenfolge aufgerufen wurden und daß man sich einfach durch Armheben und den Ruf »Hier« identifizierte. Es begann mit den Asschers und Abrahams, dann kamen die Cohens und

Hirschmanns, endlich die Waschnizkys und Wunschgebilds, und wer nicht aufgerufen worden war, kletterte über die Taue an Bord oder ließ sich in Kisten und unter Persenningen verstecken. Die Franzosen sahen sie mit Freuden ziehen, und auch den britischen Beamten in Marseille war es ziemlich einerlei, wie viele Juden im Laderaum verschwanden. Schwierigkeiten gab es eigentlich nur mit der Jewish Agency, die wünschte nämlich genau zu wissen, wer ein Visum bekam und wer nicht. Die Genossen von der Agency wurden meine eigentlichen Feinde.

Eines Dienstagmorgens rief man Döszö Kemeny, und als nach fünf Sekunden noch kein lautes »Hier« zu hören war, glaubte ich fest, daß der Ruf mir gegolten habe. War ich erst einmal an Bord, würde man das ganze Schiff nach mir absuchen müssen. In eine Kajüte eingeschlossen, die ich erst auf hoher See verlassen wollte, fühlte ich mich so wohl wie unterm Dach in der Retiefstraat, nur noch sicherer. Ich konnte es gar nicht abwarten, daß das Schiff von diesem ratten- und pestverseuchten Erdteil ablegte.

Nach zwei Tagen liefen wir Neapel an, neue Gesichter kamen an Bord, ein Mann wäre beinahe ins Wasser geworfen worden. Die Auschwitzer hatten einen Blockältesten erkannt und wollten ihn lynchen. Blockälteste waren selbst Häftlinge, die in einem Käfig voller hungernden und halb irrer Menschen Disziplin halten sollten, was sie mit der Peitsche und der Verhängung grausamer Strafen taten. Der Mann wurde von englischer Militärpolizei festgenommen und weggeführt. Man beruhigte sich.

Auf dem Schiff waren zwei Sorten Menschheit. Ehemalige Häftlinge und andere. Auf die Nationalität kam es noch nicht an. Es zählte zunächst nur die Nummer auf dem rechten Unterarm. Numerierte und nichtnumerierte Juden hatten einzig dieses Schiff gemein, das uns alle dorthin zurücktrug, von wo wir einige tausend Jahre zuvor gekommen waren. Kurz vor Haifa kamen Funktionäre der Jewish Agency an Bord, um uns sechzehn Illegalen ins Gewissen zu reden, weil wir anderen ihren Platz auf der monatlichen Quote weggenommen hatten. Immerhin war ich alter Zionist, Palästina war für mich nicht irgendein Land, sondern die Heimat, während es für viele meiner Mitreisenden nur die schlechtere Alternative zu New York oder Caracas war.

Der Zionismus half den Juden, Antisemitismus blieb ein christliches Problem. Wo immer es Juden gab, wurden sie gehaßt, vertrieben, ermordet, noch ehe es Kosaken und eine SS gab. Schon zur Zeit der Könige haßte man sie wegen ihres unsichtbaren Gottes und ihrer sonderbaren religiösen Gebräuche. Und viele hassen die Juden auch heute und nennen ihren Judenhaß, um ihn etwas salonfähiger zu machen, Anti-Zionismus. Natürlich stimmt etwas nicht mit Menschen, die man so haßt, aber dieser Haß ist, wie schon gesagt, ein nichtjüdisches Problem. Jude sein ist schwer, sagen die Juden, aber ich glaube, das »Sein« ist das Schwerste daran.

Seit Israelis bewiesen, daß Juden sich verteidigen können, hat sich die Lage geändert. Man braucht mit Juden kein Mitleid zu haben. Nicht mehr nötig. Juden sind zäh, kämpfen gut und siegen (aber auch damit lassen sich nicht alle christlichen Probleme lösen). Juden könnten in einer nächsten Runde (und die kann jederzeit kommen) auch in Damaskus und in Kairo kämpfen und siegen. Sie könnten Kairo und Damaskus, Bagdad und Beirut erobern, aber es nicht halten. Sie werden sich zurückziehen und auf eine fünfte Runde warten müssen. Juden können Feldzüge gewinnen, aber nicht über die Grenzen des ehemaligen Palästina hinaus. Sie können die verstreuten Stämme heim ins Gelobte Land führen, aber nicht in Ägypten bleiben. Die Israelis können Israel behalten, und die Welt wird sie auch dafür hassen. Sein und gehaßt sein ist wohl das gleiche, glaube ich.

Vor zweitausend Jahren um Ostern herum muß hier allerhand losgewesen sein. Er und seine Jünger (»high vom LSD«) haben wahrscheinlich nicht wirklich geglaubt, daß er am Kreuz sterben werde. Sie dachten wohl, er werde nachts vom

Kreuz steigen. Mit oder ohne LSD waren sie jedenfalls berauscht genug zu glauben, eine monotheistische Religion mit moralistisch-geistiger Heilsbotschaft (Jehovah genannt) lasse sich umbringen oder mit Hilfe eines einfachen Symbols unter römische Sklaven und heidnische Barbaren verbreiten. Ein religiöser Fanatiker, ein junger Jude, der die Welt verbessern wollte, Rebell für eine gute Sache, der mit der Realpolitik des Establishments in Streit geriet. Jede der Parteien (Pharisäer, Sadduzäer, Römer) hätte ihn gern für ihre eigene politische Sache eingespannt, aber er blieb der Idealist. Sein Ideal war die Verbesserung der Lebensbedingungen aller, ein Vorhaben, das die Juden in ihrer Weisheit für unrealisierbar halten; es bleibt der nächsten Welt vorbehalten, nach der Ankunft des Messias. In dieser Welt können wir weiter nichts tun, glaubten die Juden, als die Götzendiener (von Babylon bis Moskau und New York) immer wieder darauf hinweisen, daß man Götzen nicht anbeten darf. Anhäufung materieller Güter ohne soziale Gerechtigkeit bedeutet für jede Zivilisation den Untergang. So ungefähr ist die Botschaft, wie ich sie verstehe. Judaismus blieb Religion, ein Glaube, ein Gebet, eine Hoffnung, das Gewissen der Menschheit. Messias sein hingegen hilft, das Ende der Tage bereiten. Zweitausend Jahre Messias und keine Gerechtigkeit. Im Gegenteil, es scheint, als würden sich Unrecht und Gier mit der Bevölkerung der Erde vermehren. Jesus war im Grunde ein beschränkter Mensch, doch das ist jeder, der handelt statt nachzudenken.

Die drei Könige kamen aus den unterentwickelten Ländern (östlich von Eden), um für die Unterdrückten und Erniedrigten der Welt zu sprechen, kaum war das Jesuskind in der Krippe. Das konservative, theokratische Establishment der Juden verkörperte weiter »die Vision an sich«, kollaborierte mit den Römern, auch wenn's um nichts weiter ging, als einen Schein der Autonomie zu wahren. Die Verteidiger Jehovahs wollten ihn nicht durch Aggression verteidigen. Das wäre gegen sein Gesetz gewesen. Kriegerisch war Jehovah nur, bis der esoterische Verein, Juden genannt, ein eigenes

Stück Boden erobert hatte. Und das Judentum – eine nicht aggressive Religion – forderte erst seinen eigenen Staat, als die Idee selbst in Gefahr geriet auszusterben, indem man seine »Verkörperung«, die Juden, fast umbrachte.

Die dreitägige Fahrt von Neapel nach Haifa (von Rom nach Jerusalem) war eine mysteriöse Reise durch Raum und Zeit. Ich spürte, daß ich zu den geschlagenen Resten eines besiegten Expeditionskorps gehörte, das sich langsam zu den Opferstätten der Vorfahren durchkämpft. Während wir uns Haifa näherten, überlegte ich es mir noch einmal genau: Vielleicht hat Jesus recht gehabt, und wir hätten Christen werden und selbst die Welt mit Gewalt und Götzen erobern sollen, um unsere jüdische soziale Gerechtigkeit zu etablieren. Vielleicht hatte er recht vor langer Zeit; mein Überleben aber beweist das Umgekehrte. Ich lebe, und mein Feind Hitler mußte sich umbringen. Entweder INRI oder ich. Dieses Ich war immer Zionist gewesen.

Zionismus, das Sammeln der Verstreuten, die Rückkehr der vertriebenen Stämme, die Wiedergeburt der Nation bedeutet auch die Wiedergeburt für jeden einzelnen Juden. Wie das beschreiben? Wie die Liebe zu etwas beschreiben, das so unsinnig abstrakt ist wie ein Land? Wie skeptisch ich jetzt auch bin, wie abwehrend ich auch jetzt reagiere, da ich in »normalen« Zeiten in London wohne und oft umherreise, nichts kann jenem sonderbaren Glücksgefühl Abbruch tun, das ich am 25. Juli 1945 empfand. Haifa und die Küste vom Deck der *Askania* sehen, hieß das Unvorstellbare sehen. Nun war doch nicht alles umsonst gewesen, nicht alles nur Wunschbild. Wenn es Palästina wirklich gibt, dann gibt es auch mich. In einer spezifisch jüdischen Neurose war ein Augenblick der Wahrheit erreicht. Jeder Jude, einerlei woher er stammt, wird mir zugeben, daß der erste Anblick seines »Landes« ein unglaubliches, neues, erregendes Erlebnis für ihn gewesen ist, mit nichts zu vergleichen. Das »Land« ist das Symbol für Sicherheit und Zuhause.

Für den Zionisten ist der Zionismus nicht nur ein politisches Programm gewesen, er war vor allem eine Art von Psychoanalyse. Man nennt den Zionismus auch geistige Wiedergeburt. Dieses Erlebnis erzeugte beinahe Hysterie. Jeder, buchstäblich jeder, lachte oder weinte, schrie oder redete so laut, als wäre das gesamte Schiff unter dem Einfluß einer Droge. Alle an Bord hatten das gleiche mystische Empfinden, das niemand definieren konnte und keiner analysieren wollte: Falls dies Land uns gehört, dann gehört es auch mir ganz persönlich. Kein Nichtjude wird diesen gespenstischen Eindruck nachempfinden können; ähnliches wird vielleicht jemand fühlen, der nach langer Flucht aus einer Anstalt oder einem Gefängnis endlich Haus und Garten seiner Vorfahren betritt.

Ich tat, als ginge mich das nichts an, ich tat, als könne nichts mich zu Tränen rühren, ich verkniff mir das Weinen und zuckte mit keiner Wimper. Ich stellte mir einen Tränenausbruch beim ersten Anblick Jerusalems in Aussicht. Ich wollte nicht Gottes Gewand sehen, sondern ihm unmittelbar in die Augen schauen. Dieses Manöver mißlang. Ich verpaßte meinen Augenblick der Wahrheit. Meine Hysterie kehrte sich nach innen, und leider verträgt mein Magen keine unterdrückte Erregung. Als das Schiff in die Bucht einfuhr und festmachte, was gewiß eine Stunde in Anspruch nahm, entluden sich ein unverdautes jüdisches Leben und die Erinnerung an zweitausend Jahre Exil heftiger als bei denen, die tränenüberströmt an Deck standen. Ich schiß auf das Land meiner Träume, als ich es zum ersten Mal sah, weil ich es zu sehr liebte. Ich verließ das Schiff als letzter, lange nachdem die Mannschaft an Land gegangen war. Ich ging geradewegs auf hundert weinende Gesichter zu, deren jedes mir so vertraut war, daß ich es beim Namen zu kennen glaubte. Es schien, als hätten sich alle Stämme Israels versammelt, um einen verlorenen oder wiedergefundenen Verwandten zu beweinen, die Jahre der Trennung hinwegzuweinen, oder überhaupt, um zu weinen.

Machte einer der Palästinenser den Mund auf, so kam etwa folgendes heraus:

»Woher sind Sie?«

»Aus Holland.«

»Und woher sind Sie wirklich?«

»Aus Wien.«

»Dann kennen Sie also nicht den Berl Katzenellenbogen aus Lodz?«

»Nein.«

»Berl und meine Schwester Gittel sollten mit diesem Dampfer kommen. Ahnen Sie, warum sie nicht mitgekommen sind?«

»Ich kenne sie nicht.«

»Hier, lesen Sie den Brief. Er schreibt, daß er nach seinem Bruder Chaim sucht. Chaim hat man zuletzt in Treblinka gesehen.«

»Also wozu sucht er?«

»Chaim und seine Tante Riwkeh wurden in Przemysl verhaftet, waren in Baranowitz, in Kattowitz und Krakau. Was die erlebt haben müssen! Und Sie? Was wollen Sie hier machen?«

»Ich habe meine Eltern hier.«

»Eltern? Das ist was anderes. Er hat Eltern, Sie Glücklicher! Meine Eltern wurden in Radom ermordet, aber Ihnen geht es gut. Sie haben Eltern und sind daheim im eigenen Land. Bleiben Sie gesund, alles wird gut werden, Sie sind daheim.«

Ich begriff nicht, worüber der Mann sprach. Ich war Gefangener der britischen Mandatsregierung auf dem Weg ins Internierungslager. Falls ich wirklich Eltern und zwei Schwestern im Land hatte, waren die offenbar sehr beschäftigt, denn zu sehen war keiner. Ich mußte sie erst finden. Es schien, als seien sie »daheim«, nicht ich.

Ich sehe ihn wieder, in weißem Hemd mit offenem Kragen und khakifarbenen Hosen hinter Stacheldraht, er fährt mit dem Taschentuch über den kahlen Kopf und die Nase, er ist kleiner und dicker. Er ist immer noch mein Vater. Zehn Minuten Fußweg von der Landstraße zum Auffanglager Atlith, wo sein Sohn sitzt, machen ihm Atembeschwerden. Meine Schwester habe ich nicht mehr gesehen, seit sie im Nachthemd über mich hinwegstieg und ich zum ersten Mal schwarzes Haar zwischen Beinen sah. Jetzt trägt sie Shorts und eine weiße Bluse, sie ist schlanker und größer. Ihr Freund hat einen australischen Hut auf, er gehört zur palästinensischen Hilfspolizei. Alle wohnen in einem Kibbuz im Gebirge unweit von meinem Lager. Sie bringen mir Süßigkeiten und Kuchen, Obst und Wäsche und die Nachricht, daß meine Mutter gestorben ist. Schon 1941. An Krebs. In einem Pflegeheim in Tel Aviv.

Abends liege ich mit einem Mädchen namens Tamara im Schlafsack hinter den Baracken. Welche Wonne für junge Zionisten, die Grillen im *Land der Väter* zirpen zu hören! Meine Mutter ist tot. Tamara lebt und bewegt sich. Ich liebe dich, Tamara. Ich liebe Tamara wirklich, denn heute ist meine Mutter gestorben oder hat zu leben angefangen. Es ist heiß und die Luft voller Moskitos. Ich schlafe in einer Baracke und kann kaum atmen.

Von Atlith nach Beth Oren muß man einmal den Bus wechseln. Mein Vater hilft Schuhe reparieren. Von Schuhen versteht er nichts. Sein Geschäft waren Delikatessen, Frischluftversprüher, Textilien, Devisen, Leinenwäsche für Nonnen. Aber einfach so herumsitzen kann man im Kibbuz nicht. Das Schuhereparieren läßt ihm Zeit genug, vor dem kleinen Haus zu sitzen, das er bewohnt, und ins blaue Wasser der Bucht von Haifa zu starren. An klaren Tagen sieht man eine Mastspitze der gesunkenen *Patria*. Er, meine Mutter und ungefähr dreihundert Passagiere schafften es bis an Land, dreihundertundfünfzig etwa ertranken. Weil die *Patria* nicht mit anderen Einwandererschiffen nach Mauritius weiterfahren sollte, hatte die Haganah TNT im Maschinenraum untergebracht, leider etwas zuviel. Das Schiff flog in die

Luft. Den Überlebenden gestattete man gütigst, an Land zu gehen, obwohl die monatliche Quote bereits voll war.

Mein Vater stiert auf das Wrack und sieht die wenigen Kostbarkeiten, die er anderthalb Jahre lang auf dem Donaudampfer mitschleppte, auf dem Meeresgrund liegen. Er pfeift durch die Zähne, bricht die Zigarette mitten durch und raucht eine Hälfte aus der kleinen Holzspitze. Damit will er das Rauchen einschränken. Jetzt raucht er täglich achtzig halbe Zigaretten. Hitze und Höhe bekommen ihm nicht. Er kann keine zwanzig Schritte gehen, ohne zu schnaufen.

»Warum rauchst du soviel, Papa?«

»Was soll ich sonst machen?«

Es erweist sich, daß meine älteste Schwester mit diesem *Gafir* richtig verheiratet ist – diesem Hilfspolizisten mit dem australischen Hut, einem Transsylvaner, einzigem Überlebenden (zwei Schwestern finden sich später noch ein) von acht oder elf Geschwistern. Nach Palästina kam er zu Fuß, quer durch die Türkei und Syrien. Er arbeitet schwer auf den Feldern (Polizeidienst ist nur Halbtagsarbeit und wird nur angenommen, damit nicht alle offenen Stellen von Arabern besetzt werden). Einen Beruf hat er nicht. Ein guter Junge ist er, ein Kibbuznik. »Was ist das für ein Leben?« fragt mein Vater achselzuckend. Er ist gegen die Heirat gewesen, aber auch dagegen, daß seine Tochter ohne Zeremonie mit ihrem Freund lebt. Eines Tages kam der Rabbi aus Haifa, um sechs Paare zu trauen. David arbeitete am Fuß des Hügels auf dem Feld und wußte nicht, wann der Rabbi ankommen würde, auch nicht, ob mit dem Bus oder Lastwagen. Als der Rabbi dann da war, wollte er nicht auf David warten, die anderen Paare wollten auch nicht warten, die Arbeit drängte. So wurde es denn eine Ferntrauung. Vielleicht kam es nicht so darauf an, vielleicht aber doch? Die Ehe hätte gesegneter sein können.

Die Luft des Carmel riecht nach Kiefern. Beth Oren baut Äpfel, Pfirsiche, Weintrauben an. Man arbeitet von sechs

Uhr früh bis drei Uhr nachmittags. Danach duscht man, ruht, spielt mit den Kindern, die tagsüber in anderen Häusern wohnen, wo sie auch übernachten können. Der Kibbuznik geht gemächlich, arbeitet schwer, ißt wenig. Fast alle stammen aus Europa. Aus Polen, der Tschechei, aus Rußland, Österreich, Deutschland. Wie ertragen sie die Hitze, die ewige Mühle von Arbeit, Schlaf, Essen und wieder Arbeit? Gelegentlich gehen sie aus, allein oder zu mehreren, um Verwandte zu besuchen oder einen anderen Kibbuz. Ihr Taschengeld beträgt zwei Pfund im Jahr. Jawohl, im Jahr. Sie sind *Chaluzim*. Der *Chaluz* singt bei der Arbeit, hinterher tanzt er die *Hora*. Hier wird aber weder getanzt noch gesungen, außer an Feiertagen. Meist sind alle todmüde und blicken ernst drein. Das ist nicht überraschend. Wie halten sie es nur immer noch miteinander aus, da sie sich doch so gut kennen? Die meisten würden antworten: Ein Kibbuz ist eben ein Kibbuz. Er nützt unserem Land. Auf weiteres Drängen würden manche sagen: Nicht nur für unser Land ist der Kibbuz gut, sondern auch für den Kibbuznik. Hast du versucht, Arbeit zu finden? Eine Wohnung? Hast du Geld? Bist du Spezialist? Und wenn du das alles hast, dann vergiß nicht – du bist in Palästina, nicht in Europa. Die Juden müssen zum Land zurückkehren. Da ich selbst nach dieser Maxime erzogen worden war, fiel mir kein Gegenargument ein. Sie bauten auf.

In zwanzig Jahren wird man anstelle der Zelte und Hütten hübsche Häuser sehen. Der Eßraum wird mit Teak getäfelt sein, die Kibbuzniks werden Radio haben, Nähmaschinen und Bügeleisen, mehr Taschengeld auch. Die gute Kiefernluft wird mitsamt dem gekachelten Swimmingpool, dem Seeblick und drei guten Mahlzeiten täglich an Urlauber aus der Stadt zu vermieten sein. Man wird eine Fabrik haben und Weintrauben und Äpfel tonnenweise verkaufen. Das läßt sich vorhersehen. Die *Chaluzim* werden dann schmallippige Greise sein, deren Träume sich verwirklicht haben. Die Enkel spielen in den modernsten Kindergärten. Sie werden das

Land dann aufgebaut haben, und ich hätte vielleicht bleiben und ihnen helfen sollen.

Nachdem ich einige Monate zugesehen hatte, wie mein Vater die Mastspitze des gesunkenen Schiffes betrachtete, fand ich, es sei Zeit abzureisen. Zunächst einmal in einen anderen Kibbuz, denn ich hatte kein Geld, keine Arbeit, keine *Protektia* und war kein Spezialist. Ich wollte zu »Freunden« aus Holland. Damals wurde jedes einlaufende Schiff von allen möglichen Leuten erwartet, von der britischen Polizei, der Jewish Agency, von Leuten, die vermißte Verwandte suchten, und von Werbern der Kibbuzim. Manche boten Schulausbildung, andere eine schöne Landschaft, einige lockten mit kühler, frischer Gebirgsluft, andere mit *Chewrah* – einer Art Freundschaft.

»Wir brauchen dich – komm zu uns«, hatten die »Freunde« aus Holland gesagt. Eigentlich hatte ich keine Lust, glaubte auch nicht, daß sie mich brauchten. Doch nach einigen melancholischen Monaten unter Kiefern brauchte ich sie. Ich brauchte eine Luftveränderung und ging nach Galed. Ich erinnere mich, daß das Zelt in einer stürmischen, regnerischen Nacht über uns einbrach. Ich erinnere mich an Nachmittage auf den Feldern, an Steine, die auf Wagen geladen wurden, an Skorpione, vor denen man sich in acht nehmen mußte. Das Aufsammeln der Steine vom Acker hieß *ssikul avanim*. Die Felder wurden zum ersten Pflügen bereitgemacht, die Steine zu Mauern geschichtet. Ich erinnere mich an Nächte, in denen ich, ein richtiges Gewehr auf der Schulter, am Stacheldraht Wache hielt, neben dem Esel und dem Maultier im Stroh schlief. Ich erinnere mich, daß der Esel mit dem enormen Penis gegen seinen Bauch klopfte und nach einer Eselin schrie – er war der einzige *Chaver,* dem mein Verständnis und meine Sympathie ungeteilt galten. In der Küche die Sturmlaterne, Brot, Marmelade, heißer Tee und zwei Schachspieler. Bei Tagesanbruch schlief ich. Ich schlief übrigens dauernd. Ich mußte zwei Jahre in Deutschland verlorenen Schlaf einholen, dort, so glaubte ich fest, hatte ich überhaupt kein Auge zugetan. Die ich wecken sollte, weckten mich. Während meiner Wache hätten Eindringlinge das Maultier und den Esel und den übrigen Kibbuz stehlen können. Mir war das egal, ich war zu sehr mit mir selbst beschäftigt, Tag und Nacht. Als die alten Freunde durch das besetzte Belgien, durch Frankreich und über die Pyrenäen flüchteten, fuhr ich nach Deutschland – allein auf einem Flußkahn. Ich war gewöhnt, meinen Weg allein zu gehen, doch hatte ich jetzt die Richtung verloren. Israel selbst war möglicherweise das Ende des Weges und sicher das Ende aller kindischen Illusionen; mit dem vergangenen Irrsinn konnte ich nichts anfangen, als ihn beschreiben.

Nur ans Schreiben dachte ich. Doch wann sollte ich schreiben, was und wie? Ich war sehr müde, ich brauchte Ruhe. Ich wußte nicht wohin, wäre überall, wo man mich schlafen lassen hätte, solange ich wollte, hingegangen. In Israel schlafen wollen ist, als wolle man in einem Ameisenhaufen schlafen. Es gab einfach keinen Platz zum Schlafen, wenn man keine Verwandten hatte, die diesen Luxus unterstützten. Als ich angekommen war, hatte jemand mich glücklich genannt, da ich schließlich meine Eltern und Verwandten hier hatte. Juden haben ein mystisches Vertrauen in die Macht der Familie. Ich hatte zwar Vater und Schwestern in einem Kibbuz, und sie hätten mich dort gewiß zwei Jahre schlafen lassen, aber der Kibbuz hatte was dagegen. Und mit Recht. Zum Schlafen war keine Zeit.

Bald stellte sich heraus, daß ich noch weitere »Familie« im Land hatte, Verwandte meiner Mutter. Einen wollte ich besuchen, sozusagen stellvertretend für alle, Solomon Melzer und seine Frau Grete. Melzer betrieb eine Schuhreparatur und fertigte Fußballstiefel an. Er hatte daheim in Wien »in Schuhen« gemacht. Unser erstes Treffen verlief nicht sehr günstig. Ich war weder religiös, noch wollte ich Schuster werden. Ich war kein Gewinn für ihn, ich würde ihn höchstens Geld kosten und nichts einbringen. Ein achtzehnjähriger anarchistischer Atheist, ein ständig hungriger ungelernter Arbeiter, hatte ihm in seiner Küche gerade noch gefehlt. Da fiel ihm gleich was ein. Er würde mich nach Jerusalem mitnehmen, zum Onkel Julius Katz. »Ein reicher Mann, der dir helfen wird« (sagte Onkel Solomon). Ich selbst wollte nichts als ein Bett, zwei volle Jahre schlafen und genügend Brot.

»Ich nehme dich mit nach Jerusalem«, sagte er, »in Jerusalem wird alles gut werden.« Das wollte ich auch stark hoffen. Ein junger Zionist, der mit elf oder zwölf Jahren gelobt hat, ihm solle der rechte Arm verdorren, wenn er je die Heilige Stadt vergesse, hatte wohl einen gewissen Anspruch darauf. Und gab es für einen Zionisten einen besseren Schlafplatz als am Fuße des Berges Zion?

Jerusalem sprach zu mir bei Nacht mit gespenstischer, mystischer Stimme: »Kriech in mich hinein (sagte es), mach es dir bequem. Ich bin deine Mutter, bin deine Vergangenheit, deine Gegenwart, dein Sarg und deine Verwandlung. Ich bin deine Pyramide und dein Strom. Meine linke Brust ist der Jordan, meine rechte die Donau. Ich bin der Thron Gottes und die Mitte dieses Thrones. Ich bin die Erinnerung an das Paradies. Was du für Wolken hältst, ist mein überquellendes Gesäß. Meine weichen weißen Hinterbacken sollen dir gehören. Mein Tor ist weit offen. Komm zu mir, mein verlorenes Kind, stoß zu, so fest zu kannst. Komm, schlaf bei mir, komm, Jingele, komm.«

Diese Stimme hatte ich mein Leben lang gehört. Meine Mutter war längst vor mir Zionistin gewesen.

Als ich schließlich ankam, mit dem Bus und zwei Säcken voller Fußballstiefel von Onkel Melzer auf dem Rücken, war es Frühjahr 1946. Er hatte sie für einen Jerusalemer Großhändler hergestellt. Wir kamen an einem Freitag an. Das Geschäft wurde noch vor dem Sabbat abgeschlossen. Nach einem kurzen Besuch in der nächstgelegenen Synagoge wartete mein Onkel im Bett auf das Ende des Sabbat und den nächsten Bus. Ich machte einen Spaziergang durch die Alte Stadt. Als ich gegen fünf Uhr nachmittags zurückkam, hatte er folgende Einsichten gewonnen: a) Daß ich der geborene Landstreicher war, stand für ihn fest. b) Daß ich nicht Schuster werden wollte, bedeutete meinen sicheren Untergang. c) Daß ich mich weigerte, mit ihm zu beten, bewies, daß ich ein Heide war. d) Onkel Katz in Jerusalem war bestimmt besser in der Lage und befähigt, sich meiner anzunehmen.

Damit ich dieser neuen Zukunft nicht ganz mittellos ins Auge sehen mußte, schenkte er mir ein palästinensisches Pfund und bezahlte für eine weitere Nacht mein Hotelbett. Damit verabschiedete er sich. Am Sonntag machte ich einen Besuch bei Onkel Katz. Ein schlauer Passant, den ich nach dem Weg fragte, meinte: »Julius Katz ist Ihr Onkel? Ein reicher Mann. Da verschwenden Sie nur Ihre Zeit.« Damit hatte er recht. Tante Selma erinnerte sich meiner »armen guten Mutter« und weinte. Der Onkel sei leider unterwegs, werde aber gegen Abend zurück sein und mich dann im Hotel anrufen. Onkel Julius telefonierte nicht, denn er war zu beschäftigt; statt dessen schickte er einen Boten. Einen Boten mit einem Paket. Einem Geschenk. Einem wunderschönen Hemd mit einer fast unsichtbaren Stopfstelle und einem Briefchen, in dem stand: »Willkommen in Jerusalem und viel Glück.« Ich hätte an jenem Abend gern mit jemandem gesprochen. »Daheim« erwies sich wieder als eine sehr übervölkerte Stadt, die wenige Reiche und viele Arme beherbergte. Ganz wie Wien, wo die Grünberg und Frankel gewohnt hatten, die Katz und Silber, lauter Leute, denen wir aus dem Weg gingen. Ich mochte nicht bleiben. Während ich auf den Bus nach Tel Aviv wartete, verwandelte ich mich wieder in Jan Overbeek, diesmal auf Besuch bei den Juden und wesentlich antisemitischer als die meisten Holländer.

Was ist das überhaupt für ein Land? Die Hitze paßte mir nicht, und die Bewohner gefielen mir nicht. Der *Chaluz* ist geizig, stur, dickschädelig wie alle Bauern. Und die Städter? In Europa gehörten die Juden zu den netten, gutartigen, generösen, toleranten Leuten. Die groben, rohen, gemeinen und widerlichen Menschen waren Gojim. Nun aber sieht man überhaupt nichts anderes mehr als Gojim, wo man geht und steht. Die Neuankömmlinge, getrieben von der Angst, sie könnten alles schon verpaßt haben, sind brutal eifrig; die Alteingesessenen winken nur immer wieder müde ab und sagen: »Das haben wir auch alles durchgemacht. Nur Geduld.« Die Gutartigen fragen: »Hast du was gelernt? Warum bist du gekommen?« Gelernt hatte ich die Daten aller Zionistenkongresse, dazu zwei Dutzend Pionierlieder und zehn Wörter Hebräisch; gekommen war ich, weil Trumpeldor mich gerufen hatte. Ich war überdies Schriftsteller ohne Sprache, ohne Zeit, ohne Arbeitsplatz. Ich schrieb zwecklose Notizen in ein kleines Heft:

> Ich gestehe, daß ich an Flucht denke. An die Milch fetter holländischer Kühe (samt Erdnußbutter auf Weißbrotscheiben), ausgeteilt vom Komitee für Flüchtlingskinder im Haag, gesogen unmittelbar aus den Brüsten frommer ältlicher Damen. Wir waren die kleinen Davidsterne am holländischen Firmament. Uns fehlten die christlichen Tugenden der Unabhängigkeit, Selbständigkeit, der Menschenähnlichkeit überhaupt. Ich will nicht für andere reden, meine Sünden waren diese: Ich habe ihren verfluchten Jesus ans Kreuz genagelt und ihn mit Steinen beschmissen, als er durch die Gassen von Jerusalem geführt wurde. Dieser Sünden wegen hat man mich auf unserer Straße mehr als einmal geschlagen, das heißt, genau betrachtet hat mich niemand geschlagen. Ich konnte ihnen immer weglaufen. Aber sie hätten mich schlagen sollen. Ich sündigte und wurde nie dafür bestraft. Man hätte mir tun sollen, wie ich ihrem Heiland tat. Jedes Verbrechen braucht seine Strafe. Wir haben es getan, ich gestehe es, und die anderen Jungen haben mich nicht geschlagen, weil ich schneller laufen konnte als sie.
>
> Die Strafe war Scham. Scham besiegte uns. Bester in Scham, letzter im Rechnen. Die Gleichung war simpelste Algebra: Dreck ist Dreck. Der Himmel über Kaisermühlen

(unserem Bezirk) war so schmutzig, daß nicht einmal Gottes Superspülmittel den samtenen Schmutz aus unseren braunschwarzblauen Judenaugen hätte entfernen können. In diesen Augen war schmutziges Selbstmitleid. Selbstmitleid half nicht viel. Scham ist aber nicht Armut; Jude sein und dazu der Mörder von Gottes eigenem Sohn ist nicht nur Vitaminmangel. Scham ist auch allgemein nützlich, ein Kapital, nicht das Privatvermögen einer Familie. Meine Familie hat wenig davon gehabt. Scham war das einzige, was beinahe *alle* besaßen. Meine persönliche Schande verblaßte davor: Ich gestehe, daß ich glaubte, es sei einfach zu überleben. Man braucht dazu nur ein bißchen Glück und Achtsamkeit. Die ersten zwanzig Jahre meines Lebens habe ich damit verbracht zu überleben.
Vorsicht. Keine Zeit für Scham. Seid gut. Wir sterben vielleicht alle in einer apokalyptischen Katastrophe, einer Sintflut oder etwas Ähnlichem. Seid gut heißt: Die Erde bietet nur wenig Platz. Ohne Ordnung und Gerechtigkeit können wir uns nicht weiter so ausbreiten wie bisher. Wir »Juden« sind der raffiniert ausgetüftelte Leitstand einer fünftausend Fuß hohen, mit Atomkraft gefüllten Rakete. Ordnung und Gerechtigkeit für alle, oder wir müssen alle sterben. Wir sind die Moralisten dieser Welt. Die Endphase heißt, daß wir in Wahrheit der Zeit zweihundert oder dreihundert Jahre voraus sind. Man wird im Weltraum ein neues Amerika entdecken. Wir stehen irgendwo im Mittelalter vor dem Ausbruch der schwarzen Pest. Die Überlebenden werden nicht zu beneiden sein, sie werden uns beneiden. – Sonst fiel mir nichts ein.

Wir bewohnten in der kleinen Stadt Natanja eine Hütte aus Wellblech, und zum ersten Mal im Leben besaß ich einen Tisch und zwei Stühle, ein Bett und einen hölzernen Garderobenständer. Ich arbeitete in einer Orangenplantage, wenn ich Arbeit bekam. Ich lernte recht unterhaltsame Leute kennen. Einer, Edgar Hilsenrath, ist Schriftsteller geworden und wohnt jetzt in Berlin. Was aus den anderen geworden ist, weiß ich nicht. Ich war von uns allen wohl der Beredteste, ich begann Gespräche über Bücher, die keiner von uns gelesen hatte, über Kunst, die wir nicht zu sehen bekamen. Kultureller Mittelpunkt dieser Kleinstadt war das Kino, das uns die Abfälle der Hollywooder B-Produktion vorführte. Wir zählten nirgendwo. Unser Herzenswunsch war, in St.-Germain-des-Prés vor einem Café zu sitzen. Gut artikulieren konnte sich keiner von uns, keiner war über das zwölfte Jahr hinaus zur Schule gegangen, keiner hatte ausgeprägte politische Ansichten.

Alles drehte sich darum, ob uns die örtliche Vermittlung Arbeit zuwies oder nicht. Zwiebeln, Tomaten und Orangen bekamen wir allmählich satt, und für Brot mußten wir einmal die Woche im Laden bar bezahlen. Die Miete für unsere Blechbude (die wir mit zwanzig Mäusen teilten) betrug zwei Tageslöhne. Ein Tageslohn betrug ein palästinensisches Pfund. Genug, um nicht zu verhungern. Tote sind über irdische Schwierigkeiten erhaben, Mietschulden, unbezahlte Rechnungen kümmern sie ebensowenig wie die Arbeit auf der Orangenplantage oder das Abladen von Sand und Steinen an einer Baustelle.

Ich wartete geduldig darauf, daß etwas geschehen sollte, ahnte aber nicht, was. Soldat werden wollte ich nicht. Natürlich verabscheute ich die Engländer, die hinter Sandsäcken hervor auf gewöhnliche Bürger schossen, die gegen eine ungerechte Mandatsverwaltung rebellierten und Unabhängigkeit verlangten. Natürlich verabscheute ich die verrückten, irregeleiteten Araber, die von ihren Effendis und so verkommenen Judenhassern wie dem Mufti von Jerusalem angestiftet wurden, auf Arbeiterbusse zu schießen.

Wer im arabisch-israelischen Konflikt auf seiten der Juden steht, muß noch kein Philosemit sein. Es reicht, ihre Versuche, sich unter schlechtesten Bedingungen zu behaupten, mit Sympathie zu beobachten. Die Juden, ob ich sie nun mag oder nicht, sind mein Volk, ihre Freunde sind meine Freunde, ihre Feinde meine Feinde. Dieses Gefühl stellte sich leicht ein. Schwieriger war es schon, sich an die Knallerei zu gewöhnen. Einer Kugel wollte ich nicht zum Opfer fallen, darum trat ich keiner Untergrundarmee bei. Man konnte Hungers sterben, gewiß, aber das würde ein Weilchen dauern. Noch ereigneten sich Wunder – heute bekam man einen Tageslohn, morgen konnte man irgendwo Geld ausleihen. Mit falschen Papieren leben war schwerer gewesen, als ohne Arbeit leben. Überdies mußte ich ja »alles opfern«, wenn ich eines Tages Schriftsteller sein wollte. Und für den, der gern ißt, gibt es kein Opfer ohne Hunger.

Die Armee bewahrte mich davor, den Verstand zu verlieren, was nur eine Frage der Zeit war, seit ich bei der Telefongesellschaft angestellt war. Ich mußte Löcher graben, Pfähle einsetzen, Drähte spannen, Kabel verlegen. Die Armee meinte, daß ich mit einundzwanzig für diese Arbeit noch zu jung sei, wenn auch alt genug, den Umgang mit Maschinenpistolen zu erlernen. Ich habe nicht ganz begriffen, wie dieses schlichte Gerät auseinanderzunehmen und wieder zusammenzusetzen ist. Ich habe auch nie einen Schuß abgegeben, keinen scharfen und keinen mit Platzpatrone. Das Laufen, Springen und Marschieren wurde mir in meinem Dauerschlaf schon schwer genug. Die Militärpolizisten, die mir ihre weißen Gamaschen verpaßten, entdeckten bald, daß kein echter Militärpolizist in mir steckte. Man ließ mich die Geheimnisse des Morsealphabets und des Funksprechverkehrs studieren. Meist hielt ich Selbstgespräche. Ich kam zur Flugsicherung. Ich? Meine Funksprüche stammten doch aus einem ausgebrannten Hirn. Ehe mein Abenteuer bei der Flugsicherung begann, verschwendeten die Psychologen ganze drei Wochen damit, ausfindig zu machen, ob ich mich zum Piloten eigne. Auf wieviel Arten kann man ein einfaches Türschloß zusammensetzen? Die beste Art ist, sich recht viel Zeit zu lassen für eine so komplizierte Operation. Zwanzig Minuten hielt ich für angemessen. Ich bin froh, daß ich nicht dabei war, als mein Rorschachtest ausgewertet wurde. Vielleicht habe ich wirklich nur Tintenkleckse gesehen, jedenfalls habe ich das hingeschrieben, zehnmal. Tintenklecks. Immer, wenn sie mir ein Bild zeigten, schrieb ich: Tintenklecks. Tintenklecks. Ich hatte mir überlegt: Piloten dürfen wenig denken, müssen schnell reagieren, dürfen nicht zuviel Phantasie zeigen. Daher: Immer, wenn ich einen sah, schrieb ich: Tintenklecks.

Der letzte Test war ein Interview. Meines fand an einem Winternachmittag im zweiten Stockwerk eines Strandhotels statt. Der Interviewer war Südafrikaner, leider habe ich seinen Namen vergessen. Er war ein netter Mensch, ein englischer Gentleman, Pfeifenraucher, gutes Herz, freundliche Seele, und begriff sogleich, wie schwierig es für mich war, in dem Leib eines Jan Overbeek unter dem Namen J. L. zu leben, der in Wahrheit J. L. war, wenn auch tot und im Begriff, in einem neuen Leib aufzuerstehen, um den Leib des alten J. O. schnell wie eine Messerschmitt zu verlassen. Der Psychologe verstand das. Er lächelte wohlwollend. Ich glaubte schon, die Leiter zum Cockpit halb erstiegen zu haben. Warum ich Pilot werden wollte? Was für eine Frage! Konnte ich sagen: wegen der Privilegien, die Piloten genießen? Wegen der Mädchen, die ich an den freien Abenden während meiner Ausbildung in Montreal kennenlernen möchte? Sollte ich sagen, ich möchte Pilot werden, weil ich Pilot sein möchte, denn es ist herrlich, Pilot zu sein und seinem Land zu dienen? Ich sagte statt dessen: »Der Pilot, Sir, durchmißt den Luftraum, wie der Mensch auf der Suche nach dem eigenen Selbst die Unendlichkeit des Bewußtseins durchmißt.«

Er stimmte milde lächelnd zu. Dankbar hob ich ein Paket Tabak auf, das vom Tisch gefallen war und seinen Inhalt auf den Boden verstreute. Ich war über diese neugewonnene Freundschaft so selig, daß ich einige der schief an der Wand hängenden Bilder richtete. Ich vertraute ihm an, daß ich eine Schwäche hatte für *Also sprach Zarathustra* und jederzeit nach dem Gedächtnis daraus zitieren konnte. Dann ging ich, überzeugt, der erste und einzige intellektuelle Pilot der israelischen Luftwaffe zu werden, weil ja mein südafrikanischer Freund ebenfalls gemeint hatte, es sei höchste Zeit, dem gemeinen intellektuellen Soldaten zu helfen, weil die Luftwaffe sonst den Bauern und den Automechanikern überlassen bliebe. Als die Nachricht kam, ich sei für alle Zweige des Bodenpersonals tauglich, nicht aber zum Piloten, war ich überrascht.

Vor ihrer Ankunft hatten wir Briefe gewechselt, in denen so viel Liebe, Küsse und Hoffnung vorkamen, daß ich nur hoffen kann, diese Korrespondenz möge nie aufgefunden werden. Nach ihrer Ankunft blieben wir sechs oder acht Wochen im Bett, wir blieben im Bett, bis eine Unterhaltung sich nicht mehr vermeiden ließ. Da hatten wir beide uns nichts zu sagen. Doch mußten wir weiter miteinander leben. Sie gab mir zu verstehen, daß ich sie zu der weiten Reise von Holland nach Palästina verleitet hatte. Von nun an hätte ich die Verantwortung. Wenn irgendwas mich aus der Fassung bringen konnte, war es das spießbürgerliche Wort »Verantwortung«. Diese höchste und unerreichbare Tugend war mir nicht gegeben. Sentimental war ich, nicht aber verantwortungsbewußt. Das war zuviel verlangt. Man könnte sagen: Ich hatte sie nach Palästina kommen lassen, weil ich mir ein geregeltes Sexualleben wünschte und nicht vom Zufall abhängig sein wollte. Mit achtzehn findet man nicht leicht eine feste Freundin, wenn man keinen Beruf und kein Einkommen hat. Das Vergnügen, das sie mir bereitete, erhöhte noch mein Schuldgefühl. Ich hätte mir ein anderes Mädchen suchen sollen, eins ohne Tugenden. Sie war ein ganz normales Mädchen, sehr anziehend, ganz Hausfrau. Im allgemeinen gutartig, ein bißchen psychotisch vielleicht. Nicht übel, aber langweilig. Damals wußte ich noch nicht, daß dies dasselbe ist.

Sie war keine Frau, mit der man umherziehen kann; sie wollte ein Heim und Kinder, wollte so ehrbar sein wie die

Hausfrau von nebenan. Wenn ich meiner Wege gehen wollte, mußte ich mich von ihr scheiden lassen; um mich scheiden zu lassen, mußte ich sie erst heiraten. Ich verschob die Hochzeit, bis ich hoffen konnte, am gleichen Tag auch die Scheidung zu erlangen. Warum aber wollte ich dieses Mädchen überhaupt heiraten, um mich von ihm scheiden lassen zu können? Nun, mir blieb keine Wahl. Ich lebte vier Jahre mit ihr zusammen, und zu quälen begann sie mich erst, als von Trennung die Rede war.

Ihr Vater würde Trauer anlegen, weil sie in Sünde lebte. Orthodoxe Juden können ihre Töchter verstoßen – Söhne vermutlich ebenfalls –, indem sie Trauer anlegen und so tun, als sei das Kind verstorben. Dies geschieht durch eine regelrechte Zeremonie: Sie zerreißen ihre Kleider (trennen wenigstens den Rocksaum auf), streuen Asche aufs Haupt (betupfen die Stirne mit einem in Asche getauchten Hemdzipfel), ziehen die Schuhe aus und setzen sich auf einen niedrigen Hocker mitten ins Zimmer. Gelegentlich stehen sie auf und sagen *Kaddisch,* das Totengebet. Sie würde ebenso tot sein, als wäre sie im Meer versunken. Der Vater würde ihr (im Testament) keinen Pfennig hinterlassen, denn schließlich war sie tot. Er konnte auch nie wieder das Wort an sie richten, denn es gab sie nicht mehr. Was für eine Familie! Soweit sie sich erinnerte, waren die Eltern nie glücklich miteinander gewesen. Ihren Vater mochte sie nicht, sie machte ihn, vermutlich zu Unrecht, für den Tod der Mutter verantwortlich. Der Mutter hatte sie sehr nahegestanden. Sie nannte ihren Vater primitiv (damals kannte ich ihn noch nicht), einen Mann, der in die feineren Stände eingeheiratet hatte. Der Bräutigam war fromm gewesen, die Braut wohlhabend, eine durchaus nicht ungewöhnliche Kombination in Osteuropa. Die reichen Juden ließen, waren sie nur reich genug, ihre Töchter gern in orthodoxe Familien heiraten, solche, die mehr *frumm* waren als sie selbst, auch wenn der Bräutigam nichts hatte. Damit zeigten sie, daß Geld ihnen nicht alles bedeutete. Die Mutter also war kultivierter gewesen (was man sich nun auch darunter vorzustellen hat), sehr hübsch, und an diesen »unkultivierten«, engstirnigen Menschen einfach verkauft worden. Verkauft, wegen seiner besonders engen Beziehungen zum »Allmächtigen«. Sie war ihm hinfort ausgeliefert. Kein Wunder, daß diese *mariage à trois* nicht gutging. Die Mutter war vor dem Krieg »etwas leidend« gewesen, und während der Jahre im Untergrund hatte er ihr nicht oft genug geschrieben, ihr nicht genügend Aufmerksamkeiten erwiesen. Die meisten Familien lebten damals getrennt voneinander, jeder in seinem Schlupfloch versteckt, aber vielleicht hatte er auch nicht für ihren Unterhalt gesorgt?

Wenn man einmal untersuchen würde, warum dieser und jener während des Krieges sterben mußte, würde sich herausstellen, daß so mancher sterben mußte, weil seine Ehe schon gestorben war. Hier ein Mann, der froh war, seine Frau loszuwerden, dort eine Frau, die sich nur zu gern von ihrem Mann befreite. Die Deutschen übernahmen das Morden, und sie würde man am Ende dafür verantwortlich machen, Hilfe brauchten sie dabei nicht.

Hauptsächlich, um diesem »Ghetto« zu entkommen, dieser Vor-1914-Welt, dem allgemeinen Ekel an Europa, der Mühe, sich an ein Amsterdam ohne Freunde und Liebe zu gewöhnen, war Ida zu mir gekommen. Wer weiß das schon so genau. Heiraten wollte sie jedenfalls, nicht nur der Vater wollte es, sie selbst wollte es auch. Nicht aber daheim, wo der Alte den *Schiduch* mit Hilfe eines Heiratsvermittlers arrangiert hätte. Ich war der Bräutigam ihrer Wahl.

Vieles hätte sich erledigt, wenn ich sie heimgeschickt hätte, nach Europa, zu ihrem Vater, mit einem Brief: »Hier ist Ihre Tochter, Meneer S. Da haben Sie sie. Suchen Sie ihr einen neuen Mann.« Und dann hätte ich mir die Welt angesehen. Der Vater war nicht arm, er konnte wohl für sie sorgen. Ich wollte weg aus Palästina, obwohl ich schon wußte, daß ich deshalb später Gewissensbisse verspüren, daß ich mir vorkommen würde wie einer, der sein Schiff in Seenot verlassen hat.

Viele, die wie ich damals das Land verließen, kennen dieses Gefühl, an Israel schuldig geworden zu sein. Der Krieg von 1948 hatte mit einem Sieg geendet, darum brauchte ich nicht zuviel Schuld zu empfinden. Doch hatte ich nicht alle Steine aufgelesen, nicht alle Häuser gebaut, nicht so viele Bäume gepflanzt, wie ich als Kind der zionistischen Bewegung gelobt hatte. Ich ließ viele Steine zurück, die andere auflesen, viele Bäume, die andere pflanzen, viele Häuser, die andere bauen mußten. Aber es kamen täglich so viele Menschen, mochten die doch weitermachen, wo ich aufhörte. Ich fühlte mich sehr als Außenseiter in »meinem eigenen Land, unter meinem eigenen Volk«.

Das Dasein des Pioniers, durchaus kein bürgerliches Dasein im üblichen Sinn, war das meine nicht. Er war Kulturkonsument (im besten Sinn). Ziele und Leistungen dieser Kultur kamen mir provinziell vor. »Brauchen wir denn einen Kunstmaler, um den Eßsaal auszumalen? Müssen denn die Verse für das Jubiläum wirklich von einem Dichter sein, *Chaver?*« Das »kulturelle Air« diente, wie in all den kleinen Ländern, in allen Provinzen, der Unterhaltung und der Dekoration. Mein Ehrgeiz war nicht, mich irgendwo festzusetzen, und wo hätte ich das tun sollen? Alle Städte, die ich sah, langweilten mich. Warum sollte ich mein Leben in Haifa oder Jerusalem verbringen? Ich wollte überhaupt nicht irgendwo fürs Leben bleiben, warum also all der Aufwand, wenn man doch schon nächsten Monat wieder fort will? Was ist denn so erstrebenswert an diesem geordneten Leben? Es ist doch nur ewige Langeweile. Aber ich hatte eine Frau, mit der ich nicht verheiratet war, und die wollte ein Heim. Und ich hätte mich auch darauf eingelassen, hätte mir jemand eine prächtige Wohnung aufgedrängt und mich überredet: »Laß dich hier nieder, ich komme für Miete und Unterhalt auf, solange du bleibst.« Auf solch einen Wohltäter habe ich lange genug gewartet.

Wir hatten kein Geld, und darum war Ida unglücklich. Glück ist etwas, was man mit Geld kaufen oder nicht kaufen kann, je nachdem. Bei uns daheim waren wir glücklich. Wir besaßen nichts, und darum befahl uns mein Vater, großmütig denen zu geben, die ihre Hand aufhielten. Der Arme tut dir einen Gefallen, nicht umgekehrt. Der Arme macht, daß du dich reich fühlst und großmütig. »Geben ist besser als Nehmen.« Doch diese Philosophie des Gebens hatte einen Mißklang, verursacht durch eine andere Spruchweisheit, die da lautete: »Wenn man dir gibt – nimm! Wenn man dir nimmt – schrei!« Mit einer Hand waren wir also großmütig, mit der anderen aber geizig. Die eine Hand gehörte Aristokraten des 18. Jahrhunderts, die andere klammerte sich an jedes bißchen Besitz. Kein Stuhl wurde je weggeworfen, denn man könnte ihn vielleicht noch reparieren, keine Kaffeemühle wanderte auf den Müll, ohne daß man überlegt hätte, ob sie nicht eines Tages doch noch nützlich sein könnte.

Ich gehörte zu den gestürzten Aristokraten, die im Begriff waren, sich schlechte bürgerliche Gewohnheiten zuzulegen. Überzeugt davon, zu den wirklich »besseren Leuten« zu gehören, wollte ich bei erster Gelegenheit meine Neigung für Lampenschirme, Spiegel und schlechte Gemälde ablegen. Allerdings verdiente ich dann auch ein besseres Los als täglich achtstündiges Fässerstapeln im Lagerhaus. Ich mußte meine Frau »glücklich« machen, also arbeiten, um anschaffen zu können. Meine Frau war nicht spießig, sie war nur eben ein ganz gewöhnliches Mädchen aus einem ganz gewöhnlichen jüdischen Haus – sie verlangte dringend nach Sicherheit, während ich nichts von dieser Welt besitzen wollte. Häuser sind zum Verbrennen da, Möbel zum Zerhacken. Zum Leben braucht man nur wenig Nahrung und überhaupt kein Geld auf der Bank zu haben, doch die Ziele unserer Gesellschaft sind wie die aller Gesellschaften wahnwitzig.

Ich liebte die Aristokraten, die Müßiggänger, die Schmarotzer, besonders, wenn es hübsche junge Mädchen waren, die Beinahe-Künstler, die Träumer und Erfinder. Freunde waren alle, die kein Bedürfnis oder keine Lust hatten, seßhaft zu werden. Ich meinte, zu ihnen zu gehören und gehörte doch nicht dazu. Ich wollte schreiben, wollte Zeit finden zum Schreiben, mußte entweder eine Arbeit finden, die mir Zeit ließ zum Schreiben, oder auf einen Schlag so viel verdienen, daß ich mir damit die Zeit zum Schreiben erkaufen konnte. Zeit war das wichtigste. Ich sprach von fünf verlorenen Jahren und glaubte wirklich, man könne Jahre verlieren wie Taschentücher. Ich mochte meine »Künstler« gut leiden, konnte mir aber nicht leisten, zu leben wie sie. Vor allem mußte ich meine Frau glücklich machen, und darum nahm ich jede Arbeit bei jeder Bezahlung an, oder doch fast jede Arbeit. Hätte ich nur für mich zu sorgen gehabt, ich hätte mich bestimmt nicht mit Sascha Alexander eingelassen, oder vielleicht doch? Ich war gern mit Leuten zusammen, die eine lange Geschichte zu erzählen hatten, das verpflichtete sie dazu, auch meine Geschichte anzuhören.

Sein Vater war aus Baku und Multimillionär. Das Geld, mit dem Sascha flüchtete, brachte er in Südfrankreich durch mit Mädchen und Filmproduktionen. 1932 kam er völlig blank ins Land (»In der Tasche hatte ich nur noch Löcher«), heiratete eine blonde Hamburgerin namens Erika und wurde der bekannteste Theaterfotograf von Tel Aviv. Er wurde in einer kleinen Stadt im Kaukasus geboren, sein Vater war ein armer jüdischer Schrotthändler, die Mutter kränkelte. Er hatte fünf Schwestern und zwei Brüder. Geld war nie vorhanden, und die Kinder im Alter von acht bis achtzehn Jahren waren meist auf sich selbst angewiesen. Vater war ständig unterwegs, »in Geschäften«. (Meine Sympathie für Sascha basierte anfangs auf dem Umstand, daß unser beider Väter ständig unterwegs gewesen waren.)

Eines Tages bestellte ein Offizier der örtlichen Garnison den alten Alexander zu sich, einen eisernen Ofen abzuholen. Dieser Offizier galt als »merkwürdig«. Nicht nur verlangte er für den alten Ofen kein Geld, sondern er drängte dem alten Alexander noch welches auf, damit dieser den Ofen bestatte, denn »Metall hat eine Seele wie der Mensch, und man darf es nicht einfach wegwerfen«. Um mit diesem etwas ungewöhnlichen Begräbnis kein Aufsehen zu machen, luden sie den Ofen eines frühen Morgens auf den Wagen und fuhren etwa fünfzehn Meilen zur Stadt hinaus an einen abgelegenen Ort. Nach der Bestattung betete der Offizier am Grab, und Alexander fuhr schnurstracks heim.

Nun geschahen sonderbare Dinge. Er war nicht traurig, nicht melancholisch, sondern nur sehr nachdenklich. Er benahm sich seltsam, wollte nicht essen, war aber auch nicht krank. Sein »Nachdenken« veränderte das Schicksal der ganzen Familie. Der Alte glaubte nämlich fest, daß er dort, wo er den Ofen begraben hatte, einen Schatz finden würde. »Ob er schon damals beim Graben Spuren davon gesehen hat, bezweifle ich, aber wer kann das sagen?« Der Alte jedenfalls war »felsenfest überzeugt«, daß man an der Grabstelle nicht nur ein bißchen Öl finden würde, sondern eine große Quelle. Besprechen konnte er das mit niemandem, schon gar nicht mit dem Offizier, und darum war er so still und nachdenklich. Woher sollte ein armer jüdischer Schrotthändler Geld nehmen, um Land und Gerät zu kaufen, um nach Öl zu bohren? Es gab nur eine Lösung – er mußte sich irgendwie mit den Grundeigentümern einigen.

Eines Nachts, alle schliefen schon, saß er am Tisch, starrte in die Flamme der Petroleumlampe und dachte: Er, der weder lesen noch schreiben konnte, nahm Papier und Bleistift und begann zu zeichnen. Eine Karte konnte man es nicht gut nennen. Auf die obere Hälfte des Blattes zeichnete er Bäume, Gebüsch, Gras und ein Kaninchen; auf die untere etwas, das aussah wie ein Berg oder auch eine Palme. Die Ölquelle.

Am Morgen war der Alte weg. Da auch von seinen Kleidern welche fehlten, nahm man an, er sei endgültig übergeschnappt und weggelaufen. Das muß mitten in der Nacht geschehen sein, denn die Nachbarn hatten nichts gehört. Er blieb vier oder fünf Monate fort. Dann kam er eines Nachts ebenso plötzlich zurück, wie er verschwunden war. Er weckte die halbe Stadt, als er in seiner Limousine vorfuhr, mit

Chauffeur, nach der neuesten Mode gekleidet. Ein reicher Mann. »Von den Ärmsten der Armen verwandelten wir uns in die Reichsten der Reichen.« Und das alles nur wegen dieser »felsenfesten Überzeugung«.

Sascha Alexander, dessen Vater durch Zufall reich wurde, war »felsenfest überzeugt«, daß Fotografie Magie ist und mit Lichtzellen und Chemikalien nichts zu schaffen hat. Er arbeitete an einem Entwickler, den man mit dem Löffel einnehmen sollte wie Arznei. »Absicht der Fotografie kann nicht die Verfertigung eines objektiven Abbilds sein, sondern nur die Fixierung der subjektiven Vorstellung. Warum sollen denn alle das gleiche sehen? Wer meinen Spezialentwickler trinkt (sobald er fertig ist), kann festhalten, was er sieht, vorausgesetzt, er bemißt die Belichtungszeit der Augen richtig.« (Du bist doch Schriftsteller, sagte er, da hast du die Idee zu einem Buch.)

Sascha Alexander beflügelte mein Denken. An diesem Menschen, an seiner sonderbaren Herkunft und seinen aberwitzigen Vorstellungen war etwas, das mich veranlaßte, auf die Suche nach der richtigen Belichtungszeit für mein eigenes magisches Negativ zu gehen. Auch ich fand unentwickelte Bilder in mir, die einer chemischen Umwandlung bedurften, auf daß das Unsichtbare wirklich werde. Das Schreiben, so wurde mir plötzlich klar, ist ein fotochemischer Prozeß. Überzeugende Resultate kommen nur unter bestimmten Voraussetzungen zustande. Der Vater beerdigt Metall und fördert dabei ein Füllhorn materiellen Reichtums zutage. Der Sohn tut das gleiche in einer mehr magischen Dimension des Bewußtseins.

Mit etwas Phantasie kann man eine wirkliche Erfahrung als wirklich begreifen. Zunächst mußte ich ein Meer von Tränen für das Unwiederbringliche vergießen – den Tod meiner jüdischen Welt beispielsweise –, ehe ich mir die Augen wischen und meine jüngste Vergangenheit mit dem gebotenen Sarkasmus schildern konnte. Dies geschah unter dem Titel *Das Tagebuch des Hanan Edgar Malinek*, das ich, halb zugeweht, nach der Schlacht von Iraqu el Sudein – einem der schwersten Gefechte des Unabhängigkeitskrieges 1948/49 – im Sand der Negev gefunden haben wollte. Dabei war ich nie südlicher gewesen als Jerusalem, und den Krieg hatte ich in Tel Aviv verbracht, in einem Hotelzimmer oder kaffeetrinkend auf der Strandterrasse mit Ausblick auf die Sonnenbadenden. Hanan Edgar Malinek, neunzehn Jahre, ist soeben angekommen, nach Jahren in deutschen Lagern. Vom Schiff zerrt man ihn sogleich in ein Ausbildungslager, wo man ihm den Umgang mit Maschinenpistolen und Handgranaten beibringt, man schafft ihn an die Front, wirft ihn ins Gefecht, und nach knapp vier Wochen im Land ist er bereits tot. Der Tod, dem er in Belsen entronnen ist, wartete nicht in Belsen auf ihn, sondern bei uns, dieser Nation von Sonnenbadenden. Einerseits beklagte ich sentimental Malineks Tod; andererseits gab ich zu verstehen, daß alles sich genau so und nicht anders abspielen konnte. Die Sonnenbadenden müssen weiter in der Sonne liegen, nicht jeder darf sterben, doch dürfen wir nicht vergessen, daß manche eben doch sterben. Da Malinek, wie viele Überlebende, keine Verwandten besaß, die ihn hätten betrauern können (man schickte die jungen Neuankömmlinge unter anderem darum gleich an die Front, weil niemand sie vermissen würde, falls ihnen was zustieße), war *Das Tagebuch* mein privates Denkmal für den unsichtbaren Soldaten in mir selbst.

»Warum bin ich nicht für immer geboren, wenn ich schon geboren bin?« fragt Malinek in seinem Tagebuch, als er ahnt, daß er aus den Gräben um die Polizeistation in der Wüste nicht mehr lebend herauskommen wird. Ich beerdigte ihn mit einem absurden Ritual, einem Totengebet für Menschen und Metalle, durch das ein russischer Offizier in Baku seinen Seelenfrieden und ein jüdischer Schrotthändler (skeptisch, wie Juden sind) überquellenden Reichtum gefunden hatte. Ich bekam dreißig palästinensische Pfund für sechs Fortsetzungen und begriff, daß alles Geschriebene eine Ware ist, ein hübsch eingewickelter Haushaltsgegenstand, sobald es einem

Kaufmann mit bedrucktem Papier (Verleger genannt) in die Finger kommt. *Das Tagebuch des Hanan Edgar Malinek* half mir zu einer weiteren Einsicht: Ich begriff, daß ich seit je den Lohn gefürchtet hatte, der für die Sichtbarmachung verborgener Schmerzen gezahlt wird. Sascha Alexander, der Fotograf, brachte mir bei, meine Einbildungskraft zu benutzen, und wie solche Einbildungskraft, überzeugend umgesetzt, monetäre Abfallprodukte schafft, wobei das eine vom anderen so untrennbar ist wie positiv von negativ.

Nachdem ich für Sascha Alexander (der mich nie bezahlte) eine Weile Lampen und Kameras ins Theater geschleppt hatte, ergriff ich drei Berufe zugleich. Ich wurde Schriftsteller, Schauspieler und Behördenangestellter. Abends rasierte ich Yossef Jadin, den Star in *Born Yesterday*, oder stand im Camer-Theater in rosaroter Uniform auf der Bühne und sah mir die Zuschauer an, die mich als Soldaten in *The Shadow* von Evgeny Schwartz sahen. Bei Tag bekritzelte ich weiter die Rücken von Aktenheftern. Jeder kann die Vorderseite von Akten bekritzeln, aber die Rücken bekritzeln ist schwer. Zahlen und Buchstaben gingen mir verloren. Immerhin war ich der Verfasser des *Tagebuch des Hanan Edgar Malinek*, Autor und Schauspieler, und die Leute im Büro waren nett zu mir. Alle hatten die Fortsetzungen des Tagebuchs im Wochenblatt »Ashmoret« gelesen und empfanden es als eine Ehre, mit einem »richtigen Künstler« im Zimmer zu sitzen. Dieses monströs sentimentale, erfundene Tagebuch war meine Rettung. Die Behörde ließ mich noch ein Weilchen gegen geringen Lohn Zahlen und Buchstaben auf Aktenbände zeichnen, wollte mich allerdings nicht für den Rest meiner Tage ernähren. Ich hätte jeden Monat ein ähnliches Werk verfassen müssen, ahnte aber nicht, was beim Publikum ankommen würde. Überdies war mir die Sprache zuwider, in der ich notgedrungen schrieb. Ich verabscheute das Deutsche, ich mochte es nicht sprechen hören. Ich brauchte eine andere Sprache, um Gedanken und Gefühle auszudrücken, die ich noch kaum zu formulieren wußte. Das finstere Stirnrunzeln des anarchistischen Rebellen paßte nicht zu mir; der katatonische Zug des marxistisch-leninistischen Denkers stand mir nicht; den schuldbewußten Ausdruck des westlichen Demokraten wollte ich mir nicht zulegen, denn er ist mir fremd; der esoterische Jenseitsblick meines buddhistischen Selbst erschreckte mich, und die resignierte Miene des Frommen ist nicht meine Sache, aber ich war glücklich über den Frieden und wollte nichts als Frieden, und da jetzt in Europa Friede herrschte und ich meine fünf Jahre Schlaf hinter mir hatte, konnte ich mich wieder unter die Ratten dieses pestverseuchten Erdteils wagen.

Literatur

Jakov Lind
Nahaufnahme

In Jakov Linds rhapsodischer, ebenso wüster wie heiteren Nahaufnahme des eigenen Lebens, ist aus dem Jugendlichen im »Selbstporträt« ein junger Mann geworden, dessen innere Unruhe ihn von Stadt zu Stadt treibt. Lebenshungrig, ungeduldig und mit der Bereitschaft, sich ohne vorgefaßten Plan, den Gelegenheiten folgend, treiben zu lassen, hetzt er ohne Geld kreuz und quer durch Europa, begegnet sonderbaren Figuren – Schnorrern, Hochstaplern, Abenteurern und Geschäftemachern –, deren Erzählungen er kunstvoll Raum gewährt. Eine Kette zumeist flüchtiger Liebesabenteuer bildet quasi den Rhythmus dieser planlosen Odyssee. Seine Verachtung gilt dabei allem, was reüssiert, sich selbstgefällig festsetzt und damit zum Erhalt der Absurditäten der Gesellschaftsordnung beiträgt und jeden, der mitmacht, korrumpiert und charakterlich kaputtmacht. Ebensowenig freilich hält er von oppositionellen Gruppen – ihn interessiert »nicht die Menschheit, sondern der Mensch«. Und so bleibt Lind Einzelgänger, ein Mann zwischen so ziemlich allen Stühlen.

»Jakov Linds ›Nahaufnahme‹ ist, bei aller Subjektivität, ein Buch der Distanzen geworden. Also keine extreme narzißtische Selbstbespiegelung, sondern viel Selbstironie. Und weil diese Ironie da ist, ist ›Nahaufnahme‹ ein ganz wüstes und clowneskes und heiteres Buch geworden.«

FRANKFURTER RUNDSCHAU

160 Seiten, Leinen mit Schutzumschlag
ISBN 3-85452-409-9

Picus Verlag

Literatur

Jakov Lind

Im Gegenwind

Nach seiner Odyssee quer durch Europa landet Jakov Lind in London, mittellos, aber mit dem gesunden Selbstbewußtsein des knapp Dreißigjährigen, der überzeugt ist, Schriftsteller und nur Schriftsteller werden zu wollen. Im Exil seiner Wahl verliert er erstmals das Gefühl des Ausgegrenztseins, fühlt sich »daheim«, unter Freunden und in Sicherheit. Die Notwendigkeit, den Lebensunterhalt zu verdienen, wird von dem inneren Wunsch begleitet, aufzuschreiben, was ihm und seiner Generation passiert ist, seine Weltanschauung einer Welt gegenüberzustellen, die nicht zurückblicken will, lieber verdrängt und ihren Opfern nicht ins Gesicht schauen kann. Sein erstes Buch, »Eine Seele aus Holz«, macht Lind schlagartig berühmt. Die Mischung aus Schuldbewußtsein und Skepsis, mit der man ihm begegnet, erwidert er gleichermaßen mit Skepsis, mit einer an Panik grenzenden Furcht vor dem Ruhm als deutscher Schriftsteller.
Er überquert den Ozean und lebt abwechselnd in London und New York. Im Amerika der Vietnamproteste, der Studentenrevolten führt Lind nun das Leben des Literatursalonlöwen, der untertags seinen Studenten beizubringen versucht, wie man schreibt, und des nachts im Partytaumel der Künstler und Literaten, der jungen Reichen und Ausgeflippten aufgeht. Nach London zurückgekehrt, beschließt Lind, nur noch auf englisch zu schreiben, die angelsächsische Welt auch sprachlich als seine Heimat anzunehmen.

ca. 200 Seiten, Leinen mit Schutzumschlag
ISBN 3-85452-410-2

Picus Verlag

Literatur

Walter Mauritz

Totstellen

Roman

Früher waren sie Freunde gewesen, waren in Wien gemeinsam zur Schule gegangen. In Auschwitz treffen sie einander wieder: Sigmund Meiselbaum – jüdischer KZ-Häftling – und T. – Angehöriger der Lager-SS. Beide Männer verlieben sich dort in dieselbe Frau. Die Jüdin Mala erwidert Sigis Zuneigung, T.s Gefühle für sie bleiben ihr zunächst verborgen. Als es Sigi mit T.s Hilfe gelingt, aus dem Lager zu fliehen, tut er das im festen Vertrauen darauf, Mala später wiederzufinden, um mit ihr ein neues Leben beginnen zu können. Nach erfolgreicher Flucht bleibt die jahrelange Suche nach ihr jedoch ergebnislos. Er heiratet schließlich eine andere Frau, ohne aber Mala ganz aufgegeben zu haben. Im geheimen hegt er nach wie vor die Hoffnung, sie eines Tages wiederzufinden. Dem gealterten Professor Meiselbaum, der sich mittlerweile in Israel als Kernphysiker etablieren konnte, gelingt es mit Hilfe des Mossad, T. in Spanien aufzuspüren, wo er nach Kriegsende eine neue Identität angenommen hat. T. stellt für Sigi die einzige Verbindung zur Vergangenheit und zu Mala dar. Von ihm erhofft er zu erfahren, was geschehen ist, nachdem er das Lager verlassen hatte. Als die beiden einander treffen, verspricht T., seinem ehemaligen Schulfreund am nächsten Tag alles zu erzählen …

208 Seiten, Leinen mit Schutzumschlag
ISBN 3-85452-408-0

Picus Verlag

Literatur

Fritz Kalmar

Das Herz europaschwer

Heimwehgeschichten aus Südamerika

Den Geschichten von deutschen und österreichischen Hitlerflüchtlingen in Südamerika hat der Theatermann und Schriftsteller Fritz Kalmar zugehört und sie zu einem Panorama von kuriosen, humoristischen und wehmütigen »Heimwehgeschichten« zusammengesetzt.
Sie handeln nicht nur von gescheiterten Lebensplänen im Exil, etwa von Herrn Blatt in Montevideo, seiner Braut Paula in Köln und einer ganz privaten, tragikomischen Arisierung. Auch von den unerfüllbaren Sehnsüchten in der Fremde erzählen sie, etwa in der Geschichte des »Austrospinners«, der auf der Hacienda A.E.I.O.U. im bolivianischen Hochland bei Cochabamba sitzt und zeitlebens auf den Besuch des Kaisers oder eines kaiserlichen Familienmitglieds wartet. Vor allem spiegeln sie Strategien des Überlebens wie jene des Reinhold Specht, der im peruanischen Exil kaum mehr Spanisch erlernt als die Phrase »Ay, caramba«, aber nach der Rückkehr gerade mit diesem kleinen Sprachvorrat bei den Kegelbrüdern in Ernsbach/Württemberg zum Helden avanciert.
Fritz Kalmar, nach eigenen Worten selbst »geübter Heimwehträger«, erzählt in seinem Buch von dem, was Exil bedeuten kann: von Beheimatung in der Fremde und imaginierter Heimkehr, von »übersetzten« Gefühlen und Sprachlosigkeit, mit einem Wort davon, daß »zwei halbe Heimaten« nie eine ganze werden.

192 Seiten, Leinen mit Schutzumschlag
ISBN 3-85452-405-6

Picus Verlag